# Avant-propos

Il y a soixante-dix ans, le bruit des moteurs d'avions et le fracas des armes emplissaient la campagne normande. Le silence est revenu, la mémoire s'estompe et les acteurs disparaissent.

Après avoir effectué des recherches pour le livre *50 aérodromes pour une victoire* (1), j'ai découvert la vie trépidante des pilotes de la *9th Air Force*. Passionné d'aviation, j'ai entrepris de nombreuses recherches et lectures sur le sujet. J'ai eu la chance de rencontrer un vétéran du *404th Fighter Group* ; ce n'était pas un pilote mais un simple mécanicien. Son récit m'a donné envie de mieux découvrir la vie de ces unités sur le sol normand ainsi que leurs combats dans les airs. Le *404th Fighter Group* s'imposa naturellement à moi pour commencer cette série.

Tout au long de ces pages, vous allez découvrir la petite et la grande histoire de la bataille aérienne de Normandie. De nombreux profils d'avions raviront les maquettistes et les passionnés d'Histoire, de nombreuses photos prêtées par des vétérans nous montrent la vie au quotidien sur ces aérodromes. Amateur d'aviation, féru de cette période ou simple curieux de découvrir la bataille de Normandie vue du ciel, je vous souhaite une bonne lecture.

Philippe Trombetta

(1) De François Robinard, avec Philippe Trombetta et Jacques Clementine, éditions Heimdal, 2013.

Murphy, un des officiers d'état-major du *404th FG.* (NARA.)

Photo des mécaniciens affectés à l'avion de Fredendall à Wikton, début juin 1944. Le pilote se trouve à l'extrême gauche. Les mécaniciens sont le *crew chief Staff Sergeant* Norman E LaMaster, le *crew chief Sgt* Leon R. «Kansas Sunflower» Shalz et l'armurier *Cpl* Ed Molenkamp. (DR wikton.net)

# 1 Le Débarquement et les opérations en juin depuis l'Angleterre

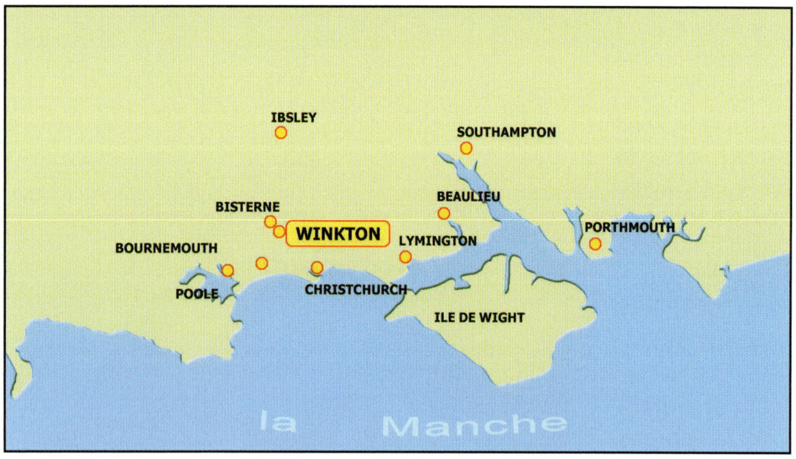


Créé le 25 janvier 1943 à Key Field, Meridian, Mississippi, le *404th Fighter Group* est activé le 4 février de cette même année sous l'appellation *Bombardement Group* (*dive*). Le Mot « *dive* », « plongée » en traduction littérale, indique la mission primaire du *Group*, c'est-à-dire le bombardement en piqué. Redésigné ensuite *Fighter Bomber Group* en août 1943, il arrive sur le sol britannique en mars-avril 1944. Début mai, il change encore de désignation pour devenir définitivement le *404th Fighter Group*.

Opérationnel à partir du 1er mai 1944, il commence ses missions à partir du terrain de Wikton, en

Photo aérienne de Wikton, prise par la *RAF* en 1947. (coll. auteur.)

Angleterre, l'un des aérodromes construits spécialement par le Génie américain à proximité des plages du Débarquement afin d'éviter des trajets trop longs aux chasseurs et leur permettre ainsi de rester le plus longtemps possible au-dessus de leurs zones d'intervention. Avant le Jour J, le *Group* a pour mission de sécuriser les abords des plages en détruisant des ponts ou des lieux de regroupement de matériel.

Voyons maintenant le parcours du *404th Fighter Group* lors de la campagne de Normandie. Mardi matin, 6 juin à 6h49, l'unité, conduite par le colonel Mc Coplin en personne, décolle pour protéger le débarquement. Au cours de ces longues journées des 6 et 7 Juin, le *Group* va participer à huit missions et effectuer 381 sorties, couvrant ainsi une vaste zone allant du Havre à l'est jusqu'à la pointe de Barfleur à l'ouest pour couvrir la flotte, et entre Bayeux et Caen pour protéger l'avance des troupes. Il a été établi des paliers de vol en fonction du type d'avions utilisés. Les P-47 volent à une altitude moyenne de 2 500 m tandis que les *Spitfire* britanniques opèrent bien au-dessus et les P-38 en dessous de la barre des 2500 m pour couvrir la flotte. Ce choix s'explique par le fait qu'à basse altitude le P-38 est beaucoup plus identifiable par les artilleurs de la DCA et ne peut donc être confondu avec aucun avion allemand.

Le *Group* va effectuer en tout 191 sorties le 6 juin, soit autant en une journée que lors des neuf mois précédents. Dans les différents rapports de mission, il est fait état de la présence de plusieurs centaines de planeurs autour de Sainte-Mère-Eglise. Les parachutes déployés donnent l'impression que les champs sont couverts de fleurs blanches. Les survols de la zone anglaise autour de Bénouville offrent un tableau analogue avec tous les planeurs Horsa imbriqués les uns dans les autres. Le *Major* Clay Tice junior résume bien la situation « *On se croirait dans un parking du centre-ville de Détroit* ». Les rapports sur la flotte font état de la création des premiers *blockships* au large d'Arromanches, d'un bateau coulé au large des îles Saint-Marcouf et du pilonnage des positions allemandes par le cuirassé britannique *Nelson*.

Les rapports de mission du 7 juin font apparaître les premiers éléments sur l'arrivée des jetées flottantes et l'intense trafic entre les bateaux ancrés au large et les plages. D'autres rapports sur les combats au sol sont assez flous, imprécis. Il est noté que les villes de Caen, Bayeux et Grandcamp sont en feu et que des tirs de balles traçantes sont effectués entre la côte et le large.

Concernant Bayeux, il n'est fait nulle part mention dans les archives de la ville d'incendies entre le 6 et le 8 juin. Un autre rapport indique la présence d'un petit pétrolier remontant l'Orne, stoppé dans sa remontée vers la mer par la destruction d'un pont obstruant la rivière et l'obligeant à retourner dans les bassins du port de Caen. Vu du ciel du côté anglais, le débarquement semble une promenade de santé. Voici le témoignage qu'en fait le lieutenant Russel « Freddie » Fredendall : « *Je survolais une de ces péniches de débarquement s'approchant de la plage dans la zone de Courseulles-sur-Mer en secteur anglais. Elle s'échoua sur le sable, la rampe avant s'ouvrit et les soldats en sortirent en ligne comme à la parade sur un terrain de manœuvre et se dirigèrent vers l'intérieur des terres.* »

**1.** Le *First Lieutenant* Fredendall, photo prise à Wikton en juin 1944. (DR wikton.net)

**2.** LP-47 D22 Y8-F, serial 42-25893 « *Joan* », piloté par le *First Lieutenant* Russel F. Fredenhall, tué à bord de cet avion le 25 juin 1944. (Th. Vallet.)

**3.** Photo des mécaniciens affectés à l'avion de Fredendall à Wikton, début juin 1944. Le pilote se trouve à l'extrême gauche. Les mécaniciens sont le *crew chief Staff Sergeant* Norman E LaMaster, le *crew chief Sgt* Leon R. « *Kansas Sunflower* » Shalz et l'armurier, le *Cpl* Ed Molenkamp. (DR wikton.net)

# Organisation d'un *Fighter Group*

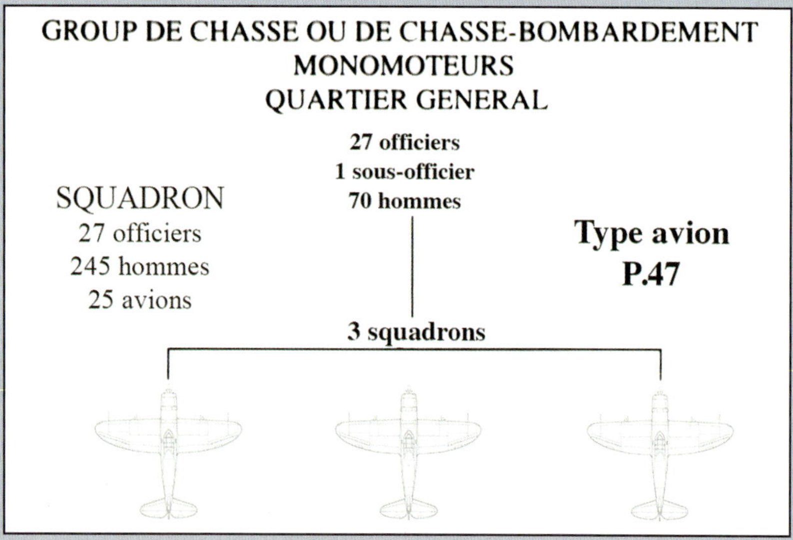

Insigne d'épaule en tissu de fabrication américaine de la *9th Army Air Force*. (Coll. auteur)

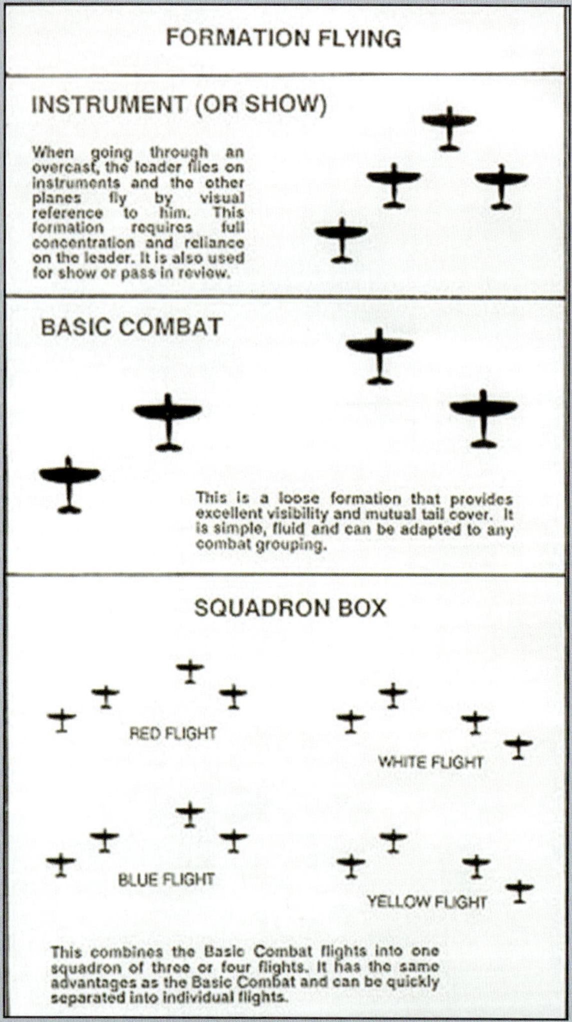

Ailes de pilote en sterling de fabrication Meyer. (Collection Ph. Trombetta.)

Organisation d'un *group* de chasse américain. L'unité de base de toute organisation de combat aérien US est évidemment, l'avion et son pilote. Deux avions forment un *element* (patrouille). Ils volent et combattent ensemble. Quand un *element* est composé de plus de 2 avions, il peut être décomposé en paire, trio ou quatuor *(finger four)* connus sous le nom de *flight* (patrouille). Le chef est un *flight commander* (chef de patrouille) qui pilote l'avion et est appelé *flight leader*. Le *flight* est une subdivision d'une unité plus importante, appelée le *squadron*, commandé par un *squadron commander* ou *squadron leader*. C'est à ce niveau qu'on trouve la 1re organisation administrative et de services. Le *squadron* comprend, non seulement le personnel de combat proprement dit, mais également les non-navigants chargés de le faire vivre. Le *squadron* peut, dès lors, être indépendant pendant quelque temps. Sa composition varie selon la nature des appareils. C'est lui qui offre le meilleur rapport hommes/machines pour une efficacité maximum. Le personnel des services et réparations est organisé en équipes. Chaque équipe a normalement un avion en charge. Elle comprend un spécialiste dans chaque domaine (instruments, armement, hydraulique, hélice, électricité, moteur, etc.). Elle est dirigée par un chef d'équipe au sol. Tous les chefs d'équipes sont supervisés par un *line chief*. Le personnel du *squadron* est divisé en navigants et non-navigants. Lorsqu'il y a changement de base, les navigants le font en avion tandis que les autres suivent en camions, trains ou bateaux. Parfois en C- 47, mais cela dépend de la disponibilité de ces avions. Au-dessus du *squadron* se situe le *Group*. Dans la 9e *Air Force*, les *Groups* de chasseurs et chasseurs trois *squadrons*. Dans la quasi-totalité des cas, un *Group* est formé de *squadrons* dotés du même matériel. Le *Group* n'a pas en lui-même d'avions mais est chargé d'apporter aux *squadrons* qu'il rassemble, une unité dans le combat. Il apporte également une organisation administrative par son QG et quelques services chargés d'harmoniser le commandement.

# 404th Fighter Group

***« Igne Ferroque Hostem Armatum Contere »***
(Briser par le feu l'armure et le glaive de l'ennemi).
Nom de code : FUNCTION
*Call signs : « Proverb »*

Le colonel Mc Colpin, commandant du *404th Fighter Group*, photo prise en mai 1944 à Wikton. (NARA.)

*506th Fighter Squadron*
**4K**
*Call signs : « Tuba »*

*507th Fighter Squadron*
**Y8**
*Call signs : « Neptune »*

*508th Fighter Squadron*
**7J**
*Call signs : « Robert »*

**1.** Très belle photo du *Major* Harold G. Shook dans son cockpit. (DR wikton.net)

**2.** Le *Major* Leo Moon. Photo prise dans son cockpit en juin 44. (DR wikton.net)

1

2

## Première perte le 7 juin

Photo prise à Wikton. On retrouve Floyd sur la gauche et Fredendall. Cette photo a été prise quelques jours avant la disparition de Fredendall. (DR wikton.net)

Sur le secteur anglais les seuls signes de mouvement sont ceux des troupes anglo-canadiennes progressant vers Caen. Un autre fait troublant se produisit le 7 juin. Quelqu'un utilisant l'indicatif JIVO parla sur les ondes et formula l'injonction suivante au moyen des codes d'appel du *Group* et des *Squadrons* : « *Descendez et attaquez dix trains secteur* Omaha Beach ». Le colonel Mc Colpin appela alors la station du *Group* (indicatif : Drainsink) afin de confirmer l'ordre. Cela stoppa net les appels de cette station fantôme. Le *Group* recevra d'ailleurs une félicitation du *Major General* Elwood R Quesada, commandant le *IXth Tactical air command,* « *pour ne pas avoir répondu à une provocation ennemie pouvant interférer dans le déroulement des opérations terrestres* ».

Durant ces premiers jours, la réaction de la *Luftwaffe* ou de la *Flak* est quasi inexistante dans le ciel normand, hormis autour de Saint-Lô, ce qui fait dire aux pilotes : « *Mais où diable est la chasse allemande ?* » Le *508th Squadron* intercepte trois Focke-Wulf 190 aux alentours de Cabourg ; Jack Tueller et Bill Abraham les prennent en chasse, mais les trois avions grimpent rapidement pour se mettre à l'abri des nuages.

Dans la nuit du 7 juin le *Group* déplore sa première perte. Il s'agit du lieutenant Joseph H. Vivian du *506th Squadron*. Son avion fut aperçu pour la dernière fois au-dessus de la Manche vers 23h30 à une altitude de 1 000 mètres et plongeant rapidement. La base reçut un appel de sa part vingt-cinq minutes plus tard et elle lui donna un cap à suivre. Après quoi, plus aucun contact. Le lieutenant Vivian est déclaré MIA (*Missing in action* = disparu en mission). Le 8 juin, le *Group* est relevé de sa mission de couverture de la tête de pont et reprend ses missions de bombardement et d'appui au sol. Seize missions sont effectuées dans les trois jours qui suivent.

Le *506th* bombarde l'axe Saint-Lô-Périers et la voie de chemin de fer Brest–Cherbourg lors de sa première mission. Puis la gare de triage à Saint-Lô lors de sa seconde. La fin de la journée s'achève par la destruction du nœud routier et ferroviaire à Condé-sur-Noireau à 40 kilomètres au sud de Caen, sur une des artères principales alimentant en troupes et en chars ennemis le front normand. Le *507th*, quant à lui, bombarde l'axe Caen–Cherbourg au niveau de la commune de Tour-en-Bessin à l'ouest de Bayeux. Cette action stoppe provisoirement la montée des troupes allemandes vers *Omaha Beach* et vers un bois sur la commune du Molay où les troupes alliées de la *29th ID* et de la *1st ID* sont bloquées. La dernière mission de la soirée est le bombardement de la gare de Saint-Lô. Pour sa part, le *508th* opère sous les ordres du contrôleur aérien basé sur l'*USS Ancon*. Sa mission consiste à détruire les wagons de marchandises présents sur la gare de triage de Montebourg au nord-ouest d'*Utah Beach* et les positions d'artillerie dans ce secteur. Les résultats de ces actions furent plutôt bons. Sur l'opération de Tour-en-Bessin, le commandant Clay Tice junior a essayé une de ses inventions. Après son piqué sur la cible et sa remontée, il a tourné en rond autour de celle-ci en prenant des images de sa verrière avec un appareil photo (cinémitrailleuse) installé sur une poignée de pistolet par le sergent Milton Liberty, le technicien photo du *Squadron*. Il a ainsi filmé l'attaque sur 15 mètres de pellicule, montrant une série d'explosions en bas du centre-ville, marquant la position de la route.

Toujours à Wikton, voici le lieutenant Clarence Yank Wydner en train de se raser. (DR wikton.net)

Durant les premiers jours du débarquement, le *404th Fighter Group* est basé à Winkton. Après une période de maintenance, il reprend ses opérations le 10 juin. Il envoie 48 avions repérer et détruire les positions d'artillerie allemandes dans les bois du Molay, qui tenaient la route Isigny–Bayeux sous leur feu et gênaient de ce fait l'avance de la *1st ID*. Le *Major* Léo C. Moon et le *508th Squadron* ont tapissé de bombes une surface d'environ 3 km² avec 118 bombes de 500 livres chacune. « *On ne pouvait rien voir en dessous, seulement des arbres. Il y avait quelques clairières, mais vous ne pouviez pas dire si les bombes avaient atteint leurs objectifs ou non.* » Apparemment, le résultat se révéla plus satisfaisant que prévu. En effet, l'officier de liaison terre-air, le parachutiste Jack « *Geronimo* » Edak, vint assister au briefing des pilotes pour les féliciter et leur annoncer que la *1st ID* avait avancé de 6,5 km en traversant la forêt juste après le bombardement. « *C'était la première fois que nos attaques avaient exercé un effet si direct sur le terrain et les opérations en cours.* »

## 10 juin : le « jour de gloire »

La mission du début d'après-midi de ce 10 juin a pour but la destruction du pont de Pontaubault, village situé sur la rive sud de la Sélune, à 6,5 km d'Avranches, au fond de la baie du Mont Saint-Michel. Trois axes routiers importants venant de l'ouest, du sud et de l'est convergent pour passer par cet unique pont, lequel est encadré d'un côté par le pont de chemin de fer de la ligne Brest-Cherbourg et de l'autre par le pont de la ligne Alen-

**Ci-dessus et ci-contre :** les lieutenants Bill Lee et Thomas Weller. Weller fait une coupe dite « d'invasion » à son camarade. (DR wikton.net)

çon-Le Mans. Le *507th* envoie un *flight* mené par le capitaine Howard L. « *Skin* » Galbreath, chargé de lâcher des bombes sur le pont routier à basse altitude, tandis que le reste de la formation attend pour larguer ses bombes en piqué sur les autres objectifs. Deux bombes sur les quatre touchent le pont et endommagent le revêtement de la route. Bob Green et Clarence « *Yank* » Wydner lancent alors leurs attaques et le pilier du pont s'écroule dans un nuage de poussière de pierre et de fer. « *Après que nous ayons détruit le pont, nous avons plongé vers un champ à une altitude de 15 mètres. Un fermier était dans le champ avec un râteau ou quelque chose de ressemblant, et par le diable, il n'a même pas levé la tête lors de notre passage* » s'étonne « *Skip* ». Les bombardiers du *507th* attaquant en piqué concentrent leurs feux sur l'entrée sud du pont dans le village même de Pontaubault, tandis qu'à l'est, le *506th* s'attaque pour sa part

Le lieutenant Benjamin Yeargen sortant de sa tente (DR wikton.net)

au pont de chemin de fer. L'entrée nord-est est touchée par une bombe et le sud-ouest par quatre de plus. Huit autres bombes tombent sur les rails. A l'ouest, le *508th* a eu moins de chance. Une grande partie de ses bombes sont tombées à l'eau. Seulement un chapelet a atteint l'objectif à la sortie nord du pont. Drexel Morgan a largué ses bombes sur les rambardes en fer et le capitaine « *Robby* » Robinson a détruit une position de *Flak* sur la rive sud. Après l'évacuation de la fumée, les pilotes peuvent apercevoir le pont toujours debout. Cinq bombes de 100 livres n'ont pas suffi pour en venir à bout…

Jerry Tullis appela la dernière mission du 10 juin « *le jour de gloire* ». Il mitrailla et détruisit de nombreuses dépendances pendant que les pilotes du *508th* coupaient la voie de chemin de fer, près de Chartres, en quatorze endroits. Quinze wagons citernes et douze wagons de marchandises furent détruits. Le *Major* Moon détruisit une locomotive et le capitaine Ernest « *Tibbo* » Tibbets, un poste d'aiguillage. Chaque *Squadron* opérait de façon indépendante. Le *506th* toucha un pont de che-

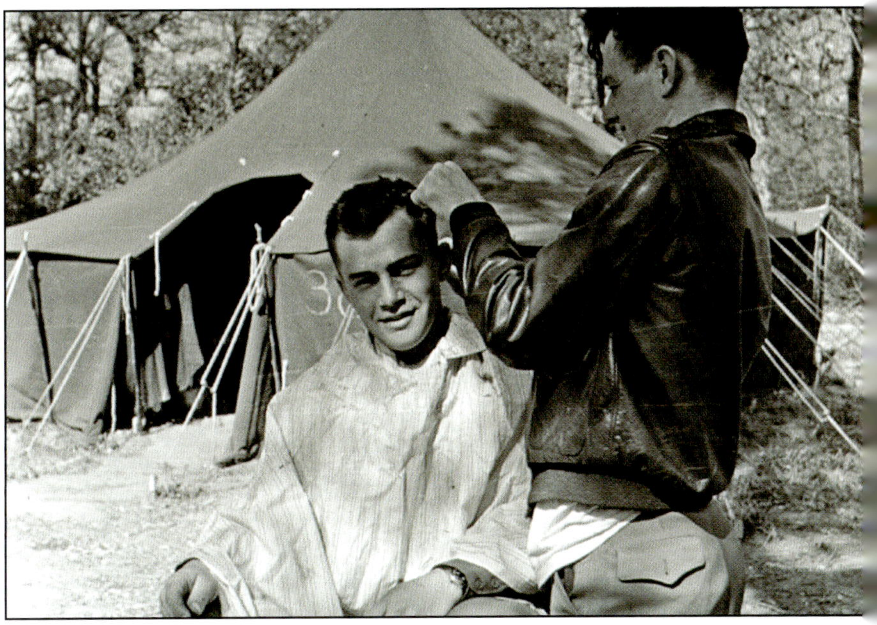

1

**1** et **2.** Belles photos prises par des avions de reconnaissance US après l'attaque par les P-47 du *404th Figther Group* du Pont de Pontaubault. (NARA.)

min de fer, un croisement ferroviaire et détruisit une grande longueur de rail. Le *Major* Harold G. Shook toucha une locomotive et le reste du *Squadron* détruisit quinze wagons. Dans le même secteur, près d'Auneau au nord-est de Chartres, le capitaine James A. « *Hoss* » Mullins guidait sa patrouille du *507th*, le long de la voie ferrée Chartres-Paris. « *La piste était sombre, on distinguait seulement un empierrement léger. J'ai vu le rougeoiement de la chaudière et la fumée grisâtre sortant de la cheminée. Il y avait deux trains s'approchant l'un de l'autre, provenant de directions différentes et le* Flight *de Lad Lutman a laissé tomber ses bombes directement sur la voie arrêtant les deux trains, côte à côte.* »

Voici le témoignage de Freddie Fredendall sur cette mission. « *Mon* Flight *lâcha six bombes sur les trains ou juste devant. Deux wagons ont été soufflés en l'air et projetés sur l'autre train. Durant mon survol, j'ai vu des balles traçantes rouges tirer devant mon aile gauche. Cela m'a fait remonter à une altitude de 600 mètres. Avec Ed Grove nous avons chacun pris un train et nous l'avons mitraillé de nos huit canons. Il y eut une explosion du diable et nous pouvions apercevoir de grands feux quand nous sommes partis.* »

Quatre missions de reconnaissance armée furent prévues le 11 juin sur des ponts de la région normande. Le *506th* retourna à Pontaubault et largua deux nouvelles bombes sur le pont de chemin de fer situé à l'est. Le *508th* rencontra une concentration de chars à Saint-André-de-Fontenay, à sept kilomètres au sud de Caen. Ses avions les attaquèrent de suite et lâchèrent six bombes. Les chars laissèrent échapper alors de la fumée orange signalant une unité alliée. Les aviateurs américains désengagèrent immédiatement en se demandant pourquoi une patrouille anglaise se trouvait si loin des lignes. De retour à Winkton, ils apprirent que la ligne de front était positionnée à environ 12 kilomètres en arrière de l'accrochage. Luciano « *Hiawatha* » Herrera avait été touché par la *Flak* et perdait de l'huile. Il fut escorté par Doc Williams. En vue des côtes britanniques, son moteur rendit l'âme et il fut obligé de sauter de son avion à environ seize kilomètres au sud de l'île de Wight. Après avoir gonflé son radeau de survie il fut secouru par un *Walrus* de la *RAF*. Huit heures plus tard, il était de retour à la base.

## Recueilli dans une ferme où vivent deux Allemands

Ce même jour, avant que le mauvais temps gêne complètement les opérations, le *508th* achève vers midi sa deuxième mission, sur une zone s'étendant de Saint-Gilles, à l'ouest de Saint-Lô, jusqu'à Cherbourg, sous un plafond couvert de mille mètres. Bill Kerr a vu son avion criblé par des obus antiaériens, mais il est resté dans la formation et a détruit une position fortifiée. Jerry Tullis, quant à lui, a pris beaucoup d'éclats d'obus, mais a conservé le contrôle de son avion et l'a ramené à la maison. Ed Pounds a été durement touché audessus de Valognes. Ralph Smathers, touché également, a dû sauter d'une altitude de cent vingt mètres. Bill Abraham a vu son parachute s'ouvrir, il semblait donc être en vie.

Un mois plus tard, ses camarades ont eu de ses nouvelles. Après s'être fait capturer, il s'est évadé et a rejoint l'Angleterre avant de retourner aux

2

**Ci-contre :** le *Captain* Clarence S. Wydner préparant son plan de vol sur l'aile de son avion tandis que son armurier vérifie ses mitrailleuses. (DR wikton.net)

**Ci-dessous :** le P-47 « *Old Hickory* » et son pilote le capitaine Jimmy H. Jones du *506th squadron* ainsi qu'un pilote de P-38 de passage à Wikton. (Coll. auteur.)

USA. Voilà son témoignage. « *J'ai été brûlé à la jambe et au cou, mais je m'en suis sorti par je ne sais plus par quel miracle. Je suppose que j'ai été choqué. Il m'a semblé avoir marché un bon bout de temps avant de rencontrer quelqu'un. Je suis passé devant une sentinelle allemande à un carrefour sans qu'elle m'aperçoive. J'ai ensuite croisé un cuisinier allemand sur une bicyclette. Nous nous sommes salués d'un mouvement de tête puis il a continué sa route. J'ai rencontré plusieurs civils qui ont paru effrayé de me voir et ne souhaitaient pas de contact avec moi. Mais finalement, un couple de Français m'a hébergé dans leur ferme... Deux Allemands vivaient dans la même maison, mais ils ne m'ont jamais trouvé. Une fois, l'un d'entre eux est venu à la porte de ma chambre, la fille a jeté un édredon sur ma tête pour me cacher. Les femmes se sont occupées de mes blessures, m'ont nourri et m'ont gardé pendant neuf ou dix jours. Les chasseurs-bombardiers lâchaient leurs bombes, terriblement près de la ferme. Quand les troupes se sont rapprochées, nous étions au milieu d'un duel d'artillerie. Les balles et les obus*

P-47 D20 4K-L dans sa livrée pour l'opération *Overlord*, serial 42-25314 « *Old Hickory* », piloté par le capitaine Jimmy H. Jones.

# Republic P-47 *Thunderbolt*

**La cheville ouvrière de l'aviation tactique en Normandie**

Moteur Pratt & Whitney double Wasp R.2800.21 de 18 cylindres en double étoile de 2 300 cv à refroidissement par air assisté de 2 compresseurs (l'un faisant partie intégrante du moteur et l'autre turbo compressé à l'arrière du fuselage juste devant la queue) lui conférant ses meilleures performances à 8.000 mètres d'altitude. Hélice quadripale métallique à changement de pas automatique.

**Performances :** vitesse : 565 km/h à 1 500 m, 650 à 6 000 m et 690 km/h à 9 000 m

Vitesse max. avec bombes ou réservoirs supplémentaires : 608 km/h

Taux de montée maximum : 825 mètres/minute à 1 500 mètres, 642 mètres/minute à 6 000 mètres. Vitesse ascensionnelle : 3 000 mètres en 4 minutes, 6 000 en 11 minutes

**Plafond :** 12 000 mètres

Autonomie en configuration lisse à la vitesse de croisière de 445 km/h : 1 025 km à 7 500 mètres

Autonomie avec réservoirs auxiliaires : 1 480 km à 1 500 mètres d'altitude et 370 km/h

**Armement :**

8 mitrailleuses Browning de 12,7 mm de 425 coups chacune, 1 bombe de 227 kg ou 2 de 554 kg ou 3 bombes de 227 kg ou 6 roquettes de 4,5 pouces à 10 roquettes de 5 pouces HVAR (rare) à partir du 17 juillet.

Sous son aspect lourd et massif, le P 47 était maniable et apte à encaisser de gros dégâts.

**Concepteur :**

The Republic Aviation Corporation, Formingdale, Long Island, New York.

Code constructeur : RE

**Dimensions :**

Envergure : 12,50 m

Longueur : 11,33 m - Hauteur : 3,75 m

Poids : à vide : 4 500 kg

En charge normale (sans bombes ni réservoirs supplémentaires) : 6 136 kg

En charge maximale : 6 800 kg

1 et 2. Le *Captain* Howard L. « *Skin* » Galbreath à Wikton en juin 44. (DR wikton.net)

*entouraient la maison. Je suis resté couché sur le plancher tout le temps de l'attaque, tandis que la vieille dame continuait son travail. Je me suis senti assez idiot... Nos chars sont alors arrivés et la fille qui parlait un mauvais anglais a parlé de moi. Ils ont promis de venir me chercher, une fois la zone sécurisée. Les Allemands ont contre-attaqué et ont réoccupé la zone. Pendant la nuit, la famille française m'a transporté dehors et nous avons tous dormi dans un champ loin de la maison, tandis que les échanges de coups de feu ont continué... Nous sommes retournés à la maison le matin... j'ai vu des casques avancer dans les haies... Apparurent alors deux ou trois G.I. J'étais rassuré... La famille m'a donné deux mille francs, en billets tout neufs. Un homme dans le village a reçu de la part des Anglais une somme d'argent pour aider des aviateurs alliés. J'ai essayé de donner l'argent à la vieille dame, mais elle a absolument refusé... me disant que ce qu'elle avait fait était normal.*

Le *Captain* Benjamin F. Yeargin, le *1st lieutenant* Richard Arnold et le *Captain* Thomas Weller posant pour le photographe dans une tente de Wikton en Angleterre. (DR wikton.net)

Les trois jours suivants furent occupés à des reconnaissances sur la tête de pont. Les trois *Squadrons* y effectuèrent au total neuf missions. Une mission d'escorte leur fut aussi confiée. Quarante-trois avions couvrirent une zone allant de la Vire, à l'ouest, à Saint-Lô, à l'est, et Avranches au sud, le 12 juin. Le 13 et le 14, le *Group* fut envoyé plus à l'est dans le secteur de Vire et Domfront. La mission principale était la destruction des véhicules sur route et la destruction des convois ferroviaires. Le bilan des deux jours est de vingt-quatre attaques de trains, onze de tanks et véhicules divers et cinq contre des ponts.

## Direction Vannes pour aider la résistance

Le 16 et 17 juin, le *Group* assura une couverture au-dessus de la Manche à la recherche de sous-marins afin de protéger la flotte d'invasion. Le 16, deux *Squadrons* furent réquisitionnés pour assurer la couverture d'une unité de B-26 en mission spéciale. Autre mission imprévue, le 17. Le téléphone sonne au quartier général : « *Départ immédiat pour la France avec le plein de bombes, instructions en vol* ». Les trois *Squadrons* décol-

Le *First Lieutenant* Robert Reiff sortant de sa tente, Wikton juin 1944. (DR wikton.net)

Le *Captain* Duane Int-Hout en train de prendre sa douche, Wikton juin 1944. (DR wikton.net)

lent et se dirigent vers Saint-Lô. Les ordres arrivent en vol : Direction Vannes pour aider la résistance qui a des problèmes avec l'armée allemande dans la presqu'île de Brest. Les P-47 arrivent sur site à trente-deux kilomètres au sud de Vannes et nettoient les routes dans un triangle comprenant Serent-Saint-Guyomard-Malestroit et les bois des alentours. « *Tout ce que nous voyons ce sont deux petits feux à l'orée du bois. Nous nous dirigeons alors vers notre deuxième cible. Nous avons lâché nos bombes sur un château se situant à 5 km de l'orée de la forêt. Nous ne pouvions pas le détruire avec nos bombes à fragmentation mais, de toute ma vie, je n'ai jamais vu autant de cratères dans un si petit périmètre. Nous avons alors fait demi-tour et mitraillé le bois à la lisière sud. Nous avons aperçu des zones de stockage camouflées, que nous avons aussi mitraillées. Après notre départ, tout brûlait.* » Voici le récit qu'a fait de cette mission le *Major* Tice, du *507th*.

Le *Major* Moon, pour sa part, dirige le *508th* vers deux stations de radios à l'ouest du château et du

Scène de vie sur Wikton. (DR wikton.net)

Le lieutenant Thomas Weller coiffe son ami le *Captain* Charles Lutman. (DR wikton.net)

Une autre vue de la vie quotidienne au camp de Wikton. (DR wikton.net)

bois. Ses appareils bombardent une structure bétonnée et touchent un dépôt de munitions plus à l'ouest. Au départ des avions, un immense panache de fumée est encore visible dans le ciel. Le *Major* Shook et le *506th* ont lancé leurs bombes sur un bivouac de six tentes et une douzaine de véhicules, à la lisière nord du bois. Puis, ils ont mitraillé la voie de chemin de fer à Ploërmel, à 16 kilomètres au nord de la cible, déclenchant de ce fait de nombreux incendies.

A partir du 18 juin, le mauvais temps rend impossible toute mission durant deux jours. Les trois jours suivants sont passés dans l'attente d'une hypothétique mission. Les mécanos profitent de ce répit pour entretenir les avions et réparer les dommages causés par la Flak omniprésente sur le secteur. Un vol spécial composé du lieutenant-colonel Johnson, du *Major* Hood, du capitaine Freemantle du *506th Squadron* et du lieutenant Blair du *506th* escorte le C-47 du général Ralph Royce jusqu'à l'aérodrome de Saint-Laurent-sur-Mer (E-1 ou A-21). Voici le commentaire du général Ralph Royce sur ses premières heures passées en Normandie : « *J'ai passé quelques heures à arpenter la plage d'*Omaha Beach *de haut en bas. Des trous d'obus et des tranchées partout, mais pas un cadavre en vue. J'ai passé une barrière de barbelés où se trouvaient des prisonniers allemands. Je les ai observés et j'ai aperçu un soldat allemand qui ne devait pas avoir plus de 14 ans. Un policier militaire m'apprit que la moitié d'entre eux était allemande et l'autre moitié polonaise, française ou russe, ces hommes n'ayant d'autre choix que de s'enrôler pour éviter la mort. Ils sont âgés, ont été blessés sur le front russe, ou sont encore des enfants. Les Français ne semblent pas trop heureux de nous voir, ils paraissent plutôt indifférents à tout cela. Ils mangent en abondance, mais n'ont aucun vêtements ou chaussures. Ils courent tous avec des chaussures en bois. De toute façon, mon premier sentiment sur les Allemands fut qu'ils ne ressemblaient pas aux surhommes que la propagande nous montrait.* »

# Le marquage des P-47 pour *Overlord*

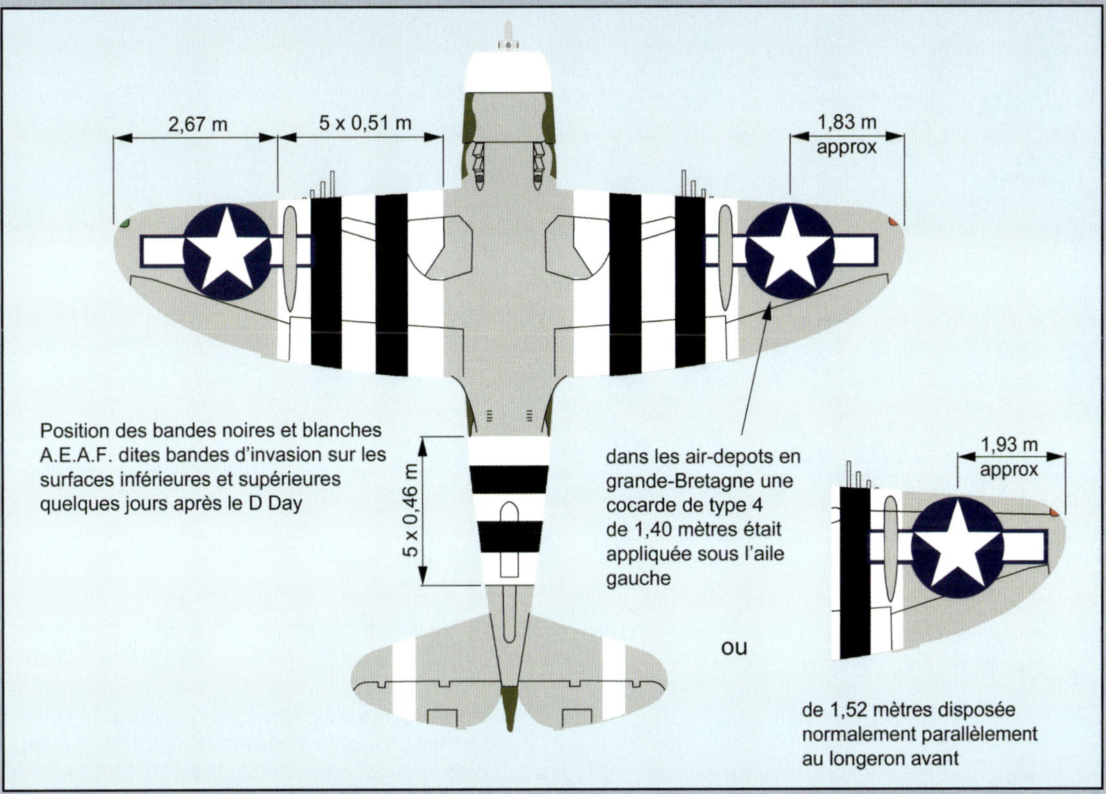


SI l'ordre des bandes – 3 blanches et 2 noires – sur chaque aile et le fuselage entre le cockpit et la queue a toujours été respecté, les dimensions et le non masquage des codes et insignes de nationalité ne le furent pas toujours. Les bandes furent posées dans l'urgence entre le soir du 4 juin (à l'origine le Débarquement devait avoir lieu le 5) et l'aube du 6 juin. Cela fut fait avec plus ou moins de soin. Néanmoins, à la vue de toutes les photos de P-47 recouverts des « *full invasion stripes* » (bandes complètes sur l'intrados et l'extrados marquant leur participation aux premières heures d'Overlord) que nous avons pu étudier, il semblerait qu'un soin tout particulier ait été apporté à la peinture de ces avions. Voici la directive pour les avions monomoteurs : Des bandes alternatives noires et blanches seront peintes sur l'intrados et l'extrados des ailes. Chacune devra mesurer 0,46 mètre de large, parallèle à l'axe longitudinal et dans l'ordre suivant du centre vers l'extérieur : blanc, noir, blanc, noir, blanc. La dernière bande extérieure s'arrêtant à 20 centimètres de la cocarde d'aile. Le fuselage sera revêtu de 5 bandes parallèles blanches et noires de 0,46 mètre tout autour dudit fuselage, le bord externe de la dernière bande s'arrêtant à 0,46 mètre du bord d'attaque de la queue.

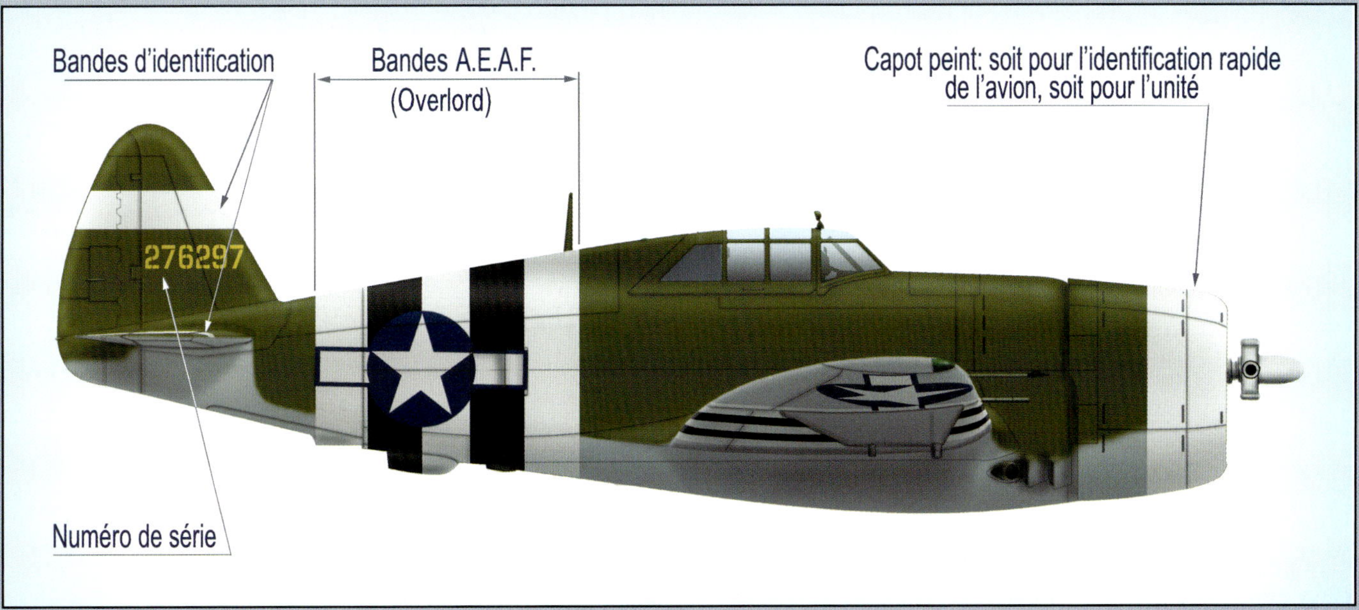

Le lieutenant Thomas Weller coiffe son ami Jack Eggar. (DR wikton.net)

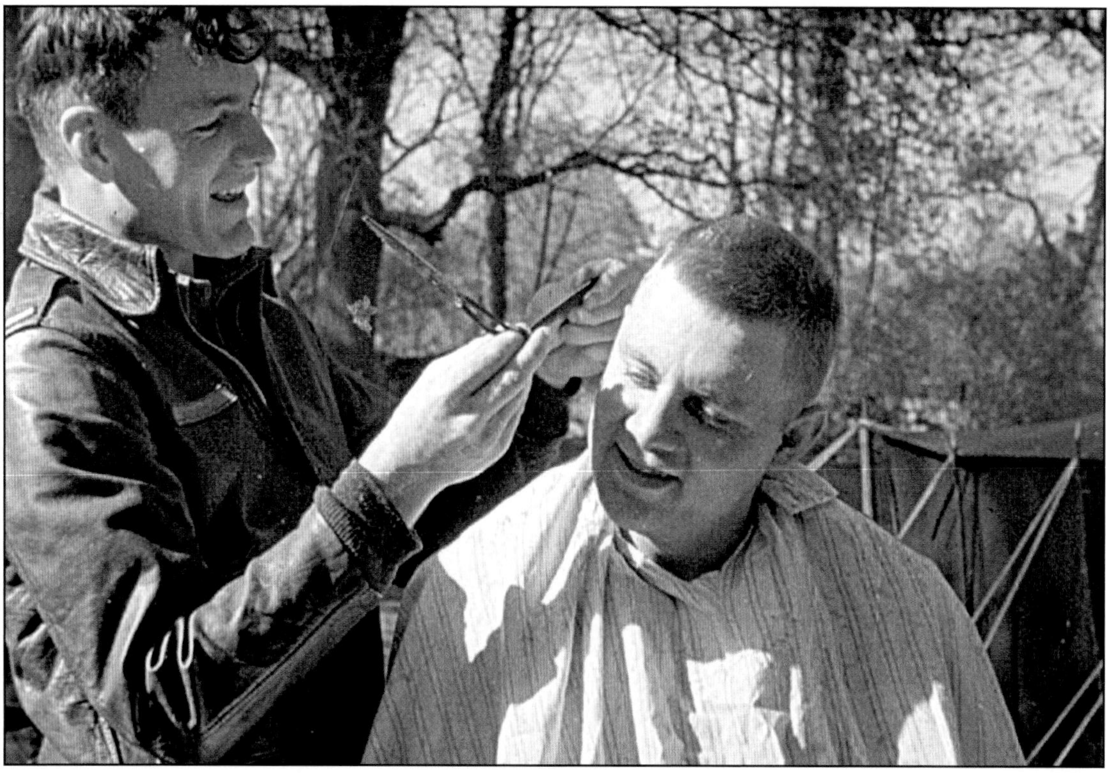

## Le 22 juin triste journée

Le 22 juin est une triste journée pour le *404th Fighter Group*. Le lieutenant Charles E. Labro, pilote au *506th Squadron*, annonce à la radio qu'il a des problèmes de moteur et que son avion ne répond plus. L'appareil tombe comme une pierre et s'écrase près de Grandcamp. La mort du lieutenant Labro fut confirmée par les troupes au sol du secteur. Le 24 juin fut le jour le plus chargé depuis le débarquement, avec pas moins de onze missions et cent soixante-huit sorties programmées sur un territoire allant de la Bretagne à Cherbourg et dans un corridor allant de l'ouest de la Vire au sud d'Avranches. Dans un rectangle de 50 km de long sur 32 km de large, le *Group* largua trois cent quatre-vingt-huit bombes conventionnelles, soixante-seize bombes à fragmentation sur cent cinquante wagons de chemin de fer, huit petits ponts, trois positions d'artillerie et vingt véhicules. Huit attaques sont menées sur des zones de rassemblement. Villedieu-les-Poêles est attaquée quatre fois dont trois par le *506th*. A l'est de Granville, deux Messerschmitt 109 se heurtent

**1** et **2.** Photo de Wilbur Vinson's dans le cockpit de son avion *Sweet Eloise* et devant celui-ci avec ses mécaniciens à Wikton. (DR wikton. net)

à un *Flight* du *506th* lors de leur sixième mission. Les *Thunderbolt* se lancent à la poursuite des deux 109. Marty Adams se place dans la queue de l'un d'eux. Après de multiples manœuvres, il le cadre dans ses mitrailleuses et le suit dans son piqué. Le pilote s'éjecte et l'avion s'écrase au sol tandis que l'autre 109 disparaît dans les nuages. Ce combat aérien a lieu aux environs de 15 heures. Un peu plus d'une heure avant, les lieutenants Ben Kitchens et Bert Espy du *508th* ont effectué deux missions de largage de bombes sur une colonne de véhicules aux abords de Périers. Le *Flight* se regroupe alors en altitude à environ 600 mètres quand l'avion d'Espy, pour une raison inconnue, fait une embardée vers la droite et cisaille la queue de son leader.

Les deux avions plongent rapidement vers le sol. Ray Gay et Chuck Viccelio, leurs ailiers, assistent effarés à l'accident. Aucun signe de parachute. Le *Major* Moon, leur chef d'escadrille, espère que ses deux pilotes ont pu s'en sortir vivants. Le suspense durera jusqu'à la libération de la ville, les troupes américaines ayant identifié leurs tombes. Le lieutenant Kitchens fut marqué *MIA* (disparu) jusqu'en mars 1945, son nom ayant mal été orthographié sur sa tombe près de Périers. La seule mission de la journée programmée est menée par le lieutenant-colonel Johnson sur un entrepôt de munitions à Auxais, à 10 kilomètres de Carentan. « *C'est la meilleure mission de bombardement que j'ai effectuée. Le toit s'est soulevé et les murs se sont écroulés dans un nuage de fumée et de boule de feu orange et rouge* ».

La deuxième mission de la journée menée par le *506th* revêtait un caractère particulier. C'était la centième du Group, aussi le capitaine Joe Nichols et ses pilotes souhaitaient-ils qu'elle soit particulièrement réussie. Objectif : bombarder les gares de triage de Vire et Villedieu-les-Poêles et couper la voie de chemin de fer à Avranches. Autre record à noter : au 25 juin, le *507th Squadron* a effectué cinquante-sept missions sans perdre un seul pilote.

2

### « *J'ai vu son avion descendre vers le sol et exploser* »

Au retour de la première mission du matin l'officier de renseignement du *Squadron* interroge les pilotes les uns après les autres. Les versions d'un même événement diffèrent de l'un à l'autre, il faut recouper les informations et les faire valider par le plus grand nombre. Ce matin-là, les résultats et les informations concordent sur le bilan suivant : un dépôt de ravitaillement en flamme au sud du Mans, pas de trafic routier sur l'axe reliant le Mans à Tours et une *Flak* nourrie au-dessus de la forêt de Cinglais au sud de Caen. Ce jour-là, au dessus de la forêt de Cinglais, tombait le premier pilote du *507th*, Freddie Fredendall. Voici ce que

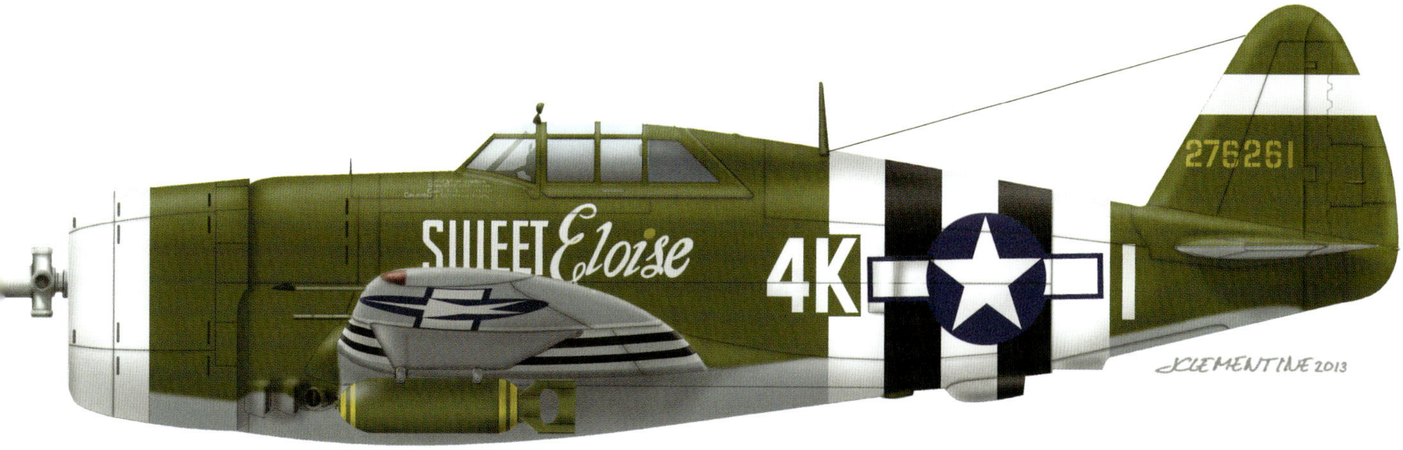


P-47 D15 4K-I dans sa livrée pour l'opération Overlord serial, 42-76261 « sweet Eloise », piloté par le *First Lieutenant* Wilbur Vinson.

**Ci-contre :** *First Lieutenant* Francis Gillespie. (NARA.)

**Ci-dessus :** casquette d'officier US neuve. (collection Ph. Trombetta.)

**Ci-contre :** casquette Crusher d'officier dite « 50 missions » dont le carton la rigidifiant a été retiré. Généralement, elles sont l'apanage des personnels navigants bénéficiant d'une certaine expérience en vols de combat. Les écouteurs sont du type HS-33. Les lunettes sont de type Ray-Ban de fabrication Bosch & Lomb. (Fonds Aure du commun, Bayeux.)

**Ci-dessous :** les mécaniciens du *404th Fighter Group* réunis et prêts pour le départ de la base de Wikton vers le lieu d'embarquement à destination de la Normandie. (NARA.)

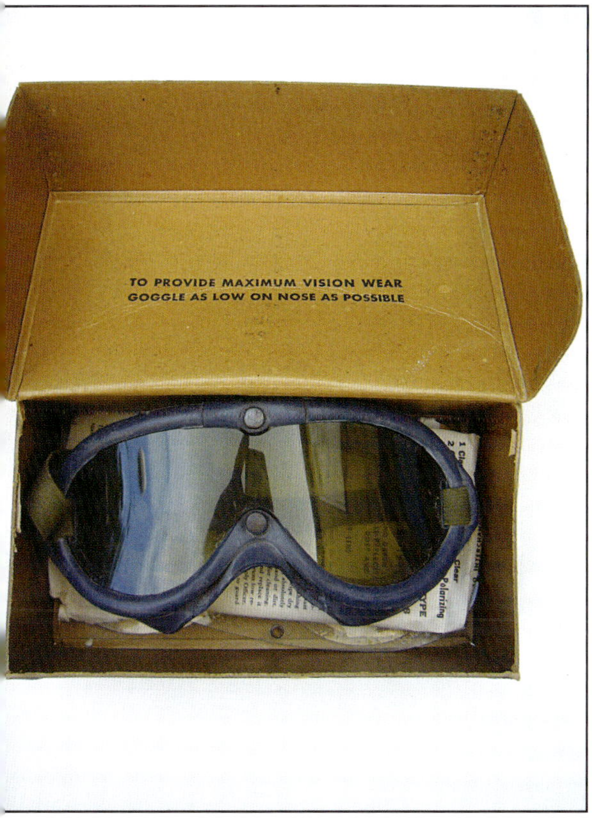


Lunettes de vol de pilote B-8 dans leur boite d'origine. (Fonds Aure du commun, Bayeux)

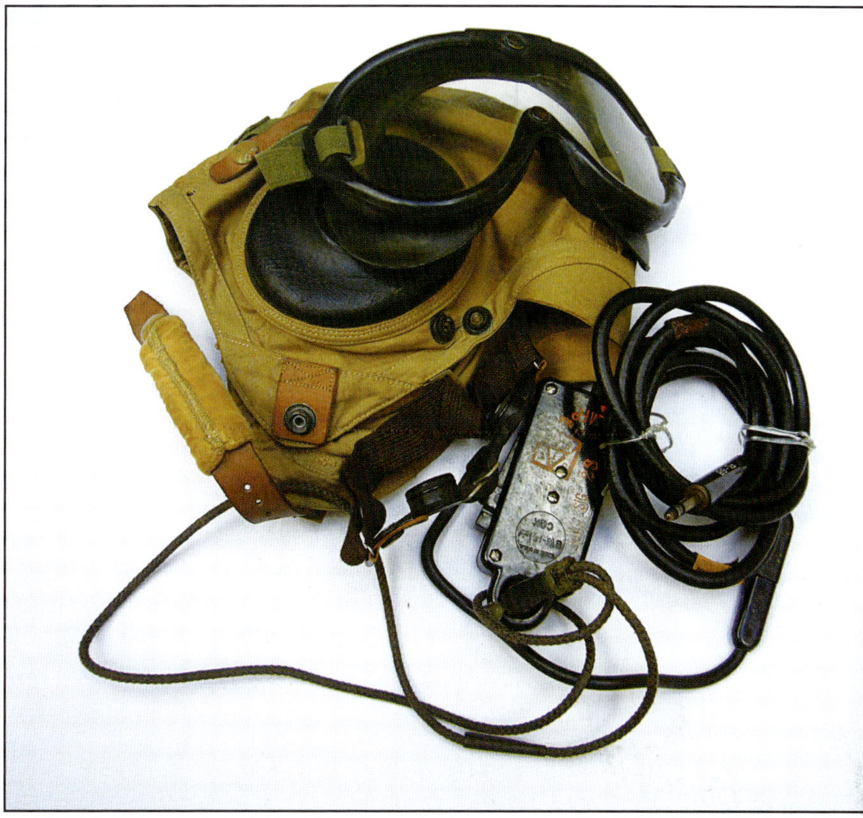

Serre-tête de pilote de modèle AN-H-15 avec des lunettes M-1944 et un laryngophone TR-30. (Fonds Aure du commun, Bayeux.)

relate Courtney, son ailier et ami. « *Nous revenions du Mans quand Freddie demanda au ) de quitter la formation pour mitrailler un camion arrêté à la sortie d'un village au sud de Caen. Il eut son accord et il piqua droit sur le camion avec moi dans ses arrières. Nous avions perdu de vue le camion. Freddie est descendu à 100 mètres du sol tandis que je montais le couvrir à une altitude de 300 mètres. Soudain, des balles traçantes partirent du bois. Le Major nous enjoignit de rompre le combat et de rejoindre la formation, mais pour Freddie il était déjà trop tard. J'ai vu son avion descendre vers le sol et exploser.* » Ce n'est que bien après la guerre que l'on apprit que Freddie Fredendall avait été enterré au cimetière de Caillouet, à une dizaine de kilomètres au sud de Caen.

Le *506th* effectua une mission de bombardement sur la station radar près de Plumelec, au nord de Vannes, tandis que le *508th* menait dans la journée deux reconnaissances armées. Après le décollage, les avions prirent la direction de la Normandie. La visibilité était d'environ 300 mètres avec un plafond très bas. Joe Wilson, lors du retour, passa sous un câble téléphonique et l'ensemble des avions durent atterrir au petit bonheur la chance sur des aérodromes français ou anglais. Pris sou le feu de canons de 88, Bill Kerr et Denzil Lee se posèrent en catastrophe sur l'aérodrome de Carentan (A-10). Dès que le barrage d'artillerie cessa, ils sortirent de leurs trous, coururent jusqu'à leurs avions et retournèrent en Angleterre.

Le *Group* escorta des C-47 jusqu'en Normandie, puis assura la couverture aérienne des plages pendant les quatre jours suivants. Puis, jusqu'à fin juin, il effectua douze opérations de reconnaissance dans le centre de la Normandie et la vallée de la Loire., s'attaquant à des rails de chemin de fer, des ponts et des carrefours routiers. Le premier jour, Bob « *Senator* » Johnson détruisit huit camions avec son chapelet de bombes à fragmentation. De retour de la deuxième mission de la journée, Bob Green attendit que le reste du *Squadron 507th* eut atterri pour se poser à son tour avec un cluster de dix-huit bombes de 200 livres encore accrochées sous son aile. Quand il toucha les plaques de PSP de la piste, le cluster se détacha et dix bombes explosèrent simultanément. Déjà sur le pied de guerre, les équipes de secours furent rapidement sur place. A peine arrivé, le médecin du *Group* vit Bob sortir de son avion en feu. Il courut alors pour éteindre les flammes qui entouraient le pilote. Celui-ci fut rapidement transporté à l'infirmerie pour y traiter ses brûlures et lui faire des injections de morphine afin de calmer la douleur. Il fut ensuite transféré au *95th General hospital*, à Ringwood, où il décéda quelques jours plus tard.

De retour sur le terrain après l'accident, huit bombes toujours actives se trouvaient sur la piste. Le *Group* ne possédait pas de démineurs sur le terrain. Quelqu'un de bien pensant, et à l'abri au quartier général, réclama une réouverture rapide de la piste. Le lieutenant Warren L. Pell, officier d'ordonnance du *Group*, avec le lieutenant Charles W. Young et le *Staff sergeant* Glenwood F.Moon se dirigèrent, la peur au ventre, vers les bombes non explosées. Trois étaient inactives et purent être retirées rapidement, les cinq autres furent transportées avec précaution dans une zone à l'écart. Elles furent détruites par des démineurs, quelques jours plus tard. Les trois hommes reçurent pour cet acte la « *Soldier's medal* ».

P-47 D10 4K-B dans sa livrée pour l'opération *Overlord*, serial 42-75097, piloté par le *Major* Robert F. Bealle.

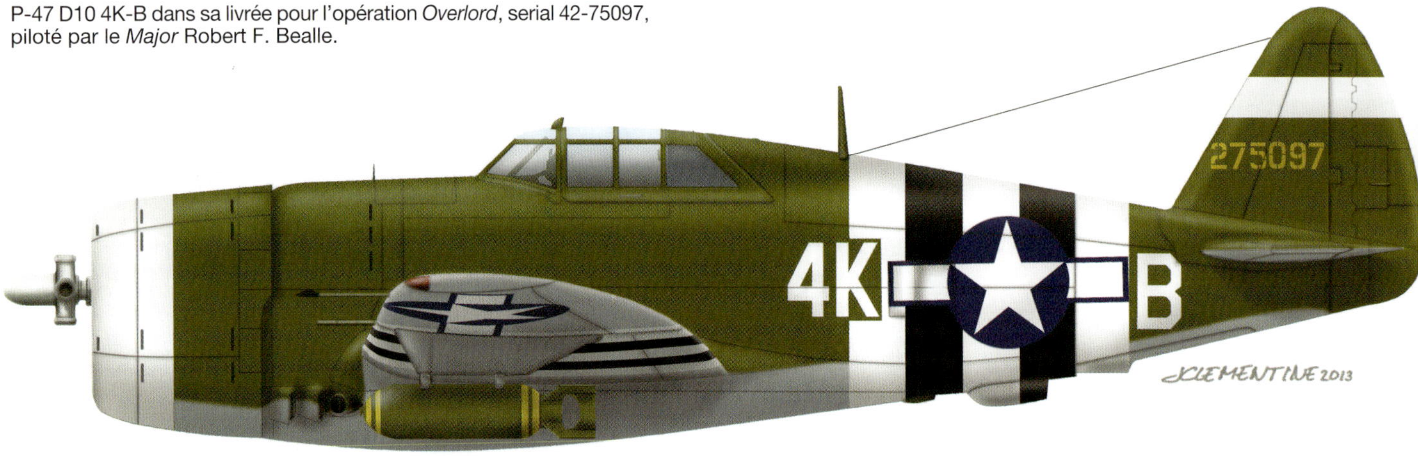

P-47 D22 4K-J dans sa livrée pour l'opération *Overlord*, serial 42-25720, piloté par le lieutenant James K. Johnson, avion présent dans le *Group* jusqu'au 7 juin 1944 puis réformé.

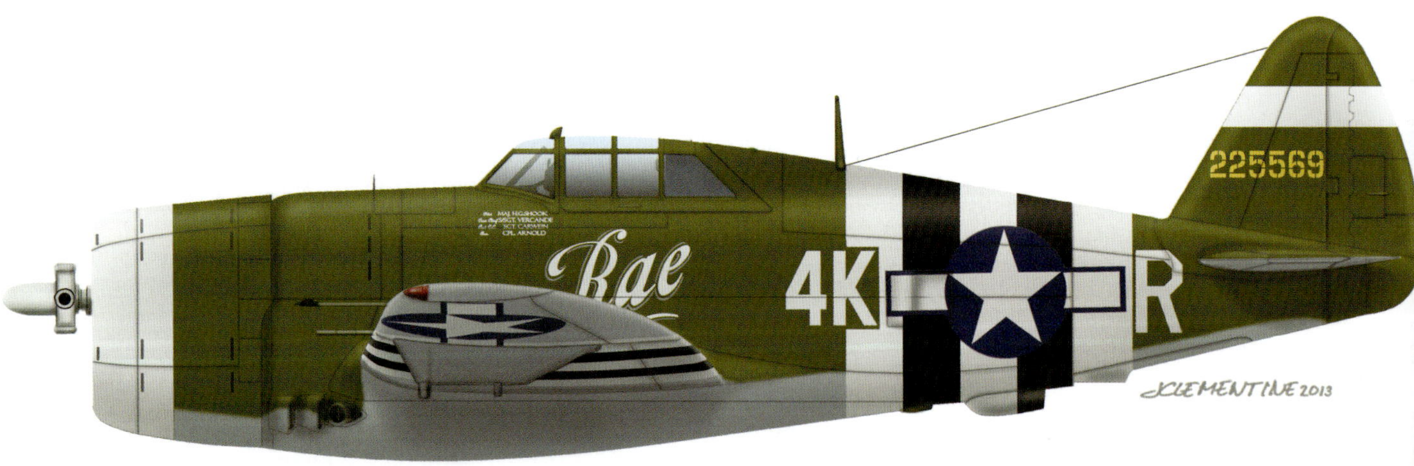


P-47 D-21 4K-R dans sa livrée pour l'opération *Overlord*, serial 42-25569 « *RAE* », piloté par le *Major* Shook jusqu'au 12 juin 1944.

Photo lourde en intensité. Il s'agit d'un cliché pris par un mécanicien, le 30 juin 1944, lors de l'accident qui coûta la vie au lieutenant Green. Lors de l'atterrissage, une de ses bombes à fragmentation s'est détachée et a explosé, blessant gravement le pilote qui décédera quelques heures plus tard à l'hôpital de Wikton. (NARA.)

## La gare de triage d'Orléans

La troisième mission de la journée effectuée par le *506th* fut celle sur la gare de triage d'Orléans, où les P-47 détruisirent une centaine de wagons de marchandise. Remontant ensuite vers l'est, ils rencontrèrent au nord d'Evreux une formation d'une douzaine de Me-109 et Focke-Wulf 190 à 600 mètres au-dessus d'eux et légèrement devant. Le *Squadron* commença sa montée, les Allemands aussi et, soudain, une patrouille à croix gammée rompit la formation et fonça sur les *Thunderbolt*, bientôt suivie par une autre. Les Allemands appliquèrent alors leur technique favorite : piquer dans le dispositif ennemi, tirer de toutes leurs armes puis remonter se mettre à l'abri des nuages.

La patrouille de Ray Elledges ne fut pas surprise et ce dernier réussit à prendre en chasse un 190 qui lui échappa avant qu'il puisse l'aligner dans son viseur. Son ailier, Don Miller, se révéla plus chanceux ; tirant dans la queue du deuxième 190, il vit ses balles déchirer la dérive arrière de l'avion, mais celui-ci réussit à gagner les nuages. Ted Welgoss, le quatrième homme de la patrouille, fut pris en chasse dès le départ par un 109 dans ses arrières. Son *leader*, George Mc Laughlin, piqua entre lui et l'Allemand pour le dégager, puis revint et l'ajusta d'une rafale de ses mitrailleuses. Il aperçut des pièces de métal s'échapper des ailes puis le 109 disparut lui aussi dans les nuages.

Mais dans la bagarre, les Allemands firent des dégâts. Elledge et Harold Freemantle virent un 109 mitrailler le P-47 du lieutenant Charles B Hochadel, qui piqua en feu vers les nuages où il disparut. Tout le monde pensait qu'il n'avait pas pu s'en sortir, mais ses camarades eurent la bonne surprise de le voir revenir parmi eux quelques jours plus tard. Pendant sept jours d'affilée, le *Group* fut mis au repos afin de préparer son transfert pour la France.

Ce fut la plus longue période sans mission depuis un an.

1

2

**1.** A-3 *Regulator*. Bouteille servant à l'alimentation des masques à oxygène, au cours des déplacements entre deux postes, à l'intérieur des bombardiers évoluant en altitude. La bouteille fut trouvée dans un champ sur le site de l'aérodrome A-8. Le détendeur ici présenté provient de la Manche. (Fonds Aure du commun, Bayeux.)

**2.** Serre tête de pilote de modèle AN-H-16 avec des lunettes B 8 et un masque à oxygène A-10 (Fonds Aure du commun, Bayeux.)

P-47 au décollage sur le terrain A-5 de Chipelle (autre nom de Cartigny.)

Au premier plan, l'avion du *Captain* Denver W Smith codé Y8-k du *507th Figther Group*. L'avion de devant est un P-47 à verrière en bulle. On remarque au passage tous les rampants assistant au décollage des avions. (NARA.)

# 2 L'installation en Normandie

Les ordres sont tombés le **26 juin** dans la soirée, ordonnant au *Group advance party* (on peut traduire par personnel non volant) de se regrouper dans un camp de transit près de Southampton, pour embarquer en direction de la France. Après avoir supprimé l'excédent de bagages qui reste en Angleterre, les véhicules équipés en *waterproof* se dirigent le **27 juin** vers le nord de Southampton, entre Eastleigh et Romsay. Ils y restent deux jours et une nuit avant d'appareiller de Southampton dans la soirée.

Le « *vehicule party* », c'est-à-dire tous les véhicules à moteur du *Group,* et « *the marching party* », le personnel, ont été séparés lors de l'embarquement. Les premiers ont pris place dans un *Liberty ship*, tandis que les seconds embarquaient à bord de l'*Empire Crossbow,* un *Liberty ship* anglais construit en Californie. Le personnel se vit fournir des rations K, des rations D, des tablettes de carburant pour boîtes de conserve « chaudes », une bouteille de comprimés Halazone, des allumettes, une lame de rasoir, une boîte de « poudre insecticide pour les insectes rampant sur le corps », une boîte de cachets pour le mal de mer et deux sacs de papier renforcé, à tout hasard...

La première vision marquante qu'eurent les hommes embarqués fut la pointe de Barfleur se profilant au petit matin. Puis, le convoi mit le cap sur *Omaha Beach*. De nombreux bateaux attendaient leur tour pour décharger leurs marchandises ou débarquer des troupes. Au-dessus du port, de nombreux C-47 tournaient avant d'atterrir sur la base de Saint-Laurent-sur-Mer (A-21).

Les bateaux transportant une partie du *404th Fighter Group* ont alors jeté l'ancre au large de la plage de Saint-Laurent entre deux croiseurs légers britanniques. La vue sur la gauche était dégagée et laissait apparaître l'estuaire de la Vire, ainsi que les toits des plus hautes maisons de Grandcamp. Les navires mouillaient face à l'aérodrome A-21. Voici le récit d'un des mécaniciens : « *Les bulldozers avaient laissé de grandes traînées marron à flanc de colline, de nouvelle routes avaient été ouvertes. Sur le haut de la colline, nous apercevions des P-47 alignés en bord de piste. L'air était rempli du bruit des moteurs de C-47 qui décollaient et atterrissaient à une cadence effrénée. Il y avait des bateaux tout autour de nous aussi loin que portait notre regard. Des carcasses de bateaux étaient échouées sur le sable. Nous nous sommes*

P-47 du *507th Fighter Group* au roulage sur un terrain normand. A noter la présence de mécanos sur les ailes afin de permettre aux pilotes de rester dans l'axe de la piste lors des manœuvres. (NARA.)

Armurier en train de vérifier, nettoyer et réarmer les mitrailleuses d'un P-47 sur un terrain normand. (NARA.)

*entassés dans des barges de débarquement et avons pris la direction de la plage. Nous avons longé la ligne des* Blockships *avant de rentrer dans la rade. Notre péniche accosta sur une jetée flottante en métal, terminée par une plateforme de déchargement. Nous sommes sortis en ligne pour remonter la jetée. Sur notre droite, nous avons aperçu un canon allemand qui sortait d'un blockhaus. Avant de continuer notre progression, nous avons été contrôlés par une vingtaine de MP. Plus haut, nous apercevions un enclos où se trouvait une trentaine de prisonniers allemands. Deux C-47 passèrent à une centaine de mètres au-dessus de nos têtes dans un vacarme assourdissant. Le bruit étant amplifié par la vallée dans laquelle nous nous trouvions. On nous a fait attendre dans un verger à l'ouest de Saint-Laurent-sur-Mer où trônait un panneau "Transit aera 2". Dans la journée du 1er juillet un bataillon de camions du* Quatermaster *nous amena vers notre futur aérodrome A-5. La route traversait les communes de Formigny puis direction le sud, Trévières et enfin Cartigny-l'Epinay, but de notre voyage. Nous étions plus près de l'ennemi que jamais, à environ cinq kilomètres d'une position de la Panzer-grenadier, près d'Airel. Nous avons fait un court arrêt au quartier général d'une unité d'artillerie nichée dans un vieux moulin partiellement détruit et recouvert de sacs de sable, pour demander notre direction, puis direction Trévières. Le village était complètement détruit, de l'église aux maisons en passant par les commerces ; une rue était même complètement obstruée par les décombres. Une jeune femme marchait solennellement dans la rue, un panier de courses à la main. Nous approchions du terrain par le sud. A travers une haie, nous apercevions des bulldozers et des* Scrapers *au travail sur notre future piste. Nous avons fini par trouver le commandant de l'*Engineer aviation battalion, *qui nous indiqua un emplacement où nous installer en attendant nos véhicules ».*

## Arrivée en Normandie le 2 juillet

Voici maintenant le récit du *Staff sergeant* Harry C Beckett, chef de la section de renseignements du *507th Squadron* :

« *Nous avons passé une seule nuit dans la zone de regroupement près d'Eastleigh. Et quelle nuit… Il pleuvait à seaux. Tous les chauffeurs durent dormir dans leur véhicule tandis que leurs assistants dormaient sous la tente au camp de transit. Le sergent "Rebel" Ethridge et moi-même avons dû rester avec nos véhicules. Pour rester au sec, nous avons tendu une toile de tente entre l'arrière d'un GMC et une jeep, mais le temps était si mauvais que nous avons fini la nuit sur les brancards de l'ambulance. Le lendemain, le 28, le convoi s'ébranla, direction Southampton. Nous avons passé la majeure partie de la journée stationnés dans une rue de la ville proche du port. Nous avons de nouveau dormi dans l'ambulance, cette nuit-là. Le jour suivant, nous sommes descendus vers les docks et nous avons enfin pu embarquer dans le* Liberty ship *avant la nuit. Nous avons passé deux nuits à bord du bateau à Southampton et une au large des côtes françaises. Nous avons enfin débarqué le 2 juillet et l'on nous a dirigés vers une zone de transit afin de retirer de nos véhicules les équipements anti-humidité. Cette nuit-là, je me suis endormi derrière le volant de ma jeep tandis qu'Ethridge, lui, dormait emmitouflé dans*

Armuriers en train de recharger les mitrailleuses d'un P-47 sur un terrain normand. (NARA.)

Malgré sa qualité médiocre, cette photo nous montre très bien l'arrivée des chasseurs du *404th Figther Group* sur A-5. A Noter la présence de grillage au premier plan.

*son poncho, sur la remorque remplie de rations et de bidons d'essence. Finalement nous avons pris la route le 3 juillet vers notre aérodrome et avons bivouaqué dans un verger en fin d'après midi ».*

Le capitaine Walter Mc McCarthy, *Group Adjutant* en charge des véhicules, eut des sueurs froides quand l'officier de chargement vint l'informer sur les quais que certains véhicules prendraient un autre bateau, la grue de la cale numéro deux étant en panne. Aucun marin du bateau ne savait réparer ce treuil. Le capitaine Mac appela des mécanos du *Group* à la rescousse et, après beaucoup d'efforts, la grue fut remise en état et le reste de l'équipement put enfin être chargé à bord. La traversée se passa sans encombre. Le déchargement fut plus hasardeux. Quand les « *Seabees* », littéralement « abeilles de mer », les unités du Génie de la marine, amenèrent les *Rhinos* (ponton de transport motorisé) à flanc du bateau, les véhicules furent débarqués et amenée sur la plage puis dans une zone de regroupement avant de partir vers Trévières. Plus tard dans la journée du 4 juillet, le premier groupe de pilotes, arriva sur le terrain A-1 de Saint-Laurent, transporté par des C-47. Les Thunderbolt, avec le reste des pilotes, se posèrent le lendemain sur A-5. L'échelon arrière et les derniers « rampants » quittèrent Winkton le 3 juillet et embarquèrent sur un *steamer* belge, le *Prinz Albert*, qui les débarqua le 4 juillet en fin d'après-midi sur *Omaha*.

## « Ah ! la France, le vin, les femmes et les chansons... »

Le **4 juillet** au soir, le *404th Fighter Group* se trouvait enfin à effectif complet sur son terrain. Un vétéran rapporte : « *Ah ! la France, le vin, les femmes et les chansons... En fait de vin, nous n'eûmes que du cidre, du calvados et autres eaux-de-vie. Les femmes n'étaient pas très jolies. Quant aux chansons, nous n'entendîmes que les nôtres. Il s'avéra néanmoins que ces breuvages furent d'excellents produits de substitution aux boissons fortes que nous avions pris l'habitude de consommer en Angleterre et les premiers mots de français que nous apprîmes furent "très bien"* (Jolly good). *Nous avons dressé les tentes dans les champs autour de ces installations et avons bricolé des abris avec des morceaux de bois récupérés sur des baraquements allemands de la région de Saint-Lô car nous n'étions pas à plus de 15 km de cette ville. Puis, au fur et à mesure de nos récupérations, nous avons construit des salles*

**1**, **2** et **3.** Voici une série de photos (voir page 26 pour photo **2** et **3**) montrant l'arrivée et la prise en main par le *Major* Harold G. Shook du premier P47 D25 perçu par le *Group*. A noter que cet avion a gardé le même nom de baptême que le précédent. (DR wikton.net)

2

3

P-47 D-25 4K-R, serial 42-26465 « *Rae* », piloté par le *Major* Shook à partir du 13 juin 1944. Cet appareil fut le premier P-47 à canopy bulle livré à une unité de P-47.

*de briefing et de repos, des bars etc. Le* 508th *était particulièrement bon dans ce genre d'exercice. Le colonel Mc Colpin voyait cela d'un très bon œil et pratiquait volontiers la technique de l'émulation entre Squadrons. Chaque fois qu'il le pouvait, il invitait un commandant de* Squadron *à visiter les installations d'un autre pour lui dire que c'était mieux que chez lui et l'inciter ainsi à faire un effort à son tour. Quand la boue due aux fortes précipitations du début de l'été commença à durcir sous le grillage du revêtement de la piste, les premières opérations débutèrent depuis le terrain. Nous étions le 8 juillet. Le soleil dardait désormais ses rayons et la poussière remplaça la boue. Lorsque les avions mettaient leur moteur en route, ils soulevaient un immense nuage de poussière qui aveuglait littéralement tout le monde et qui empêchait les pilotes de voir devant eux. Ces derniers prirent alors l'habitude de regarder non plus vers l'avant, mais sur le côté et, prenant le tube de leur mitrailleuse comme viseur*, ils plaçaient ce repère dans l'alignement du bord de la piste et se calaient sur celui-ci tout le temps du roulage, *tout en faisant attention au creux à mi piste. Quand nous décollions vers le sud-ouest, il fallait virer aussitôt car si on allait trop loin devant nous, nous étions à portée des tirs d'armes légères ennemies* ».

Le terrain était composé d'une piste de 1500 m de long dans un axe nord-est et sud-ouest et traversait plusieurs fermes et vergers. En son milieu, la piste avait une légère pente. Ce qui fait que, quand un appareil décollait sud-ouest après avoir atteint le milieu de la piste, il roulait en pente le reste du temps avant de quitter le sol. Les zones de *dispersal* se trouvaient de part et d'autre de la piste sous les arbres. Les tentes étaient plantées dans les vergers autour de la piste proche des *taxiways*. La piste se trouvait à 16 km au nord-est

Autre photo de Hal Shook avec son chef-mécanicien Pat Vercande. (DR wikton.net.)

La photo nous montre l'avion qu'utilise le colonel McColpin à partir de mi-juin sur Wikton. L'avion codé Y8-A avec le surnom « *Short Squirt* » est affecté au *507th Squadron*. On remarque le damier de couleur rouge et blanc sur le capot moteur. Cet avion, avec ses bandes d'invasion complètes, paraît être neuf. Ce modèle de P-47 D25, premier modèle de la série avec verrière goutte d'eau, est l'un des deux livrés au *Group* à Wikton en juin 1944, l'autre étant affecté au *Major* Hal Shook, commandant du *506th Fighter Squadron*. (NARA.)

**1** et **2.** Caisses à munitions de mitrailleuse de calibre 50 d'aviation. (Collection Ph. Trombetta.)

1

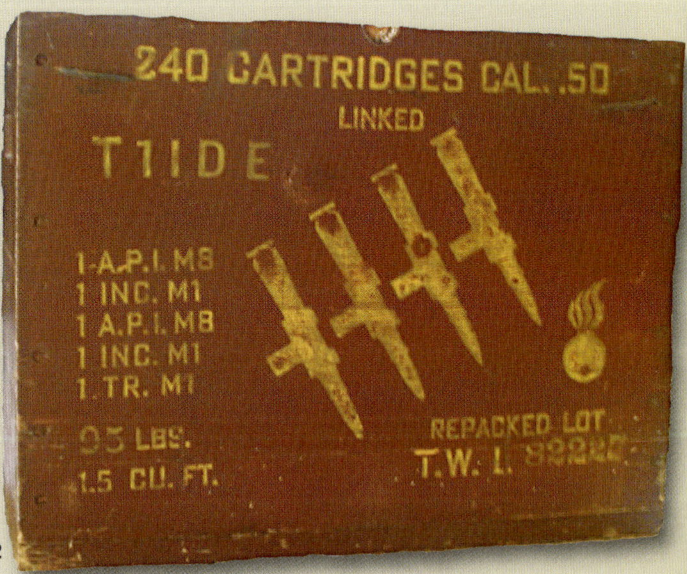


2

P-47 camouflé par un filet le long d'une haie sur A-5 . (NARA.)

de Saint-Lô. Inutile de chercher la commune de Chippelle sur une carte ou un annuaire de Basse-Normandie, vous ne la trouverez pas. Pas plus que le lieu-dit, d'ailleurs. En effet, c'est en se rendant sur le site de construction après avoir quitté Cricqueville (A-2) que les hommes du *820th Engineer Aviation Battalion* du lieutenant-colonel Trumbull s'arrêtèrent au milieu d'un groupe de maisons dont l'adresse était le « lieu Chipel ». Ce furent les dernières qu'ils rencontrèrent avant d'arriver précisément sur le site. N'étant pas familiers des difficultés du cadastre ancestral français, ils le baptisèrent ainsi. En fait les installations s'étalèrent sur deux communes, le lieu Chipel est sur Cartigny-l'Epinay ainsi qu'une partie de la piste, l'autre est sur Saint-Martin-de-Blagny. D'emblée, les hommes du *820th E.A.B.* rencontrèrent des difficultés avec la nature du sol, assez spongieux à

Voici sous les arbres, bordant une haie, tous les camions abritant l'état-major du groupe, bien camouflé. A noter les groupes électrogènes au pied de chaque camion afin de leur fournir l'électricité nécessaire au fonctionnement de tous leurs appareils électriques ou de transmission. (NARA.)

Blouson *Ike* d'un *First Lieutenant* de la *9th Air Force*, complet avec ses ailes, ses décorations et une DUC sur la poche droite avec feuille de chêne. Veste trouvée dans le secteur du Molay Littry. (Collection Ph. Trombetta.)

cet endroit. De grands travaux de drainage furent donc nécessaires. En plus, le lieutenant-colonel Trumbull fut obligé de renvoyer une partie de ses effectifs sur A-2, qui avait été initialement prévu pour accueillir des chasseurs, donc avec une piste plus courte qu'il fallait porter à 1 500 mètres pour des chasseurs-bombardiers plus lourdement chargés.

## Un *snack-bar* avec du bois de récupération

Les travaux continuèrent néanmoins sur le site A-5 où devait être tracée une piste de 1500 mètres recouverte de grillage à mailles carrées *(SMT)*. Des toiles de tentes pour l'hébergement et l'administration durent être montées et il fallut aménager une route d'accès en élargissant la voie d'accès existante. En outre, il fallait installer un dépôt de ravitaillement et de munitions, des réservoirs de carburant et d'eau potable, sans oublier un réseau électrique sommaire afin de pouvoir éclairer le camp et assurer les communications.

Utilisant du bois de récupération, les mécanos ont rapidement construit un *snack-bar*, une salle de repos et une salle de *briefing*. Quand la boue causée par les fortes pluies d'été a commencé à durcir sous le grillage de la piste, les premières opérations depuis le sol normand ont pu débuter à partir du le 8 juillet. Mais en asséchant le sol argileux, le soleil a fait naître un autre problème : la poussière, particulièrement dangereuse lors des décollages. Chaque pilote, après le leader, partait complètement en aveugle tant elle était dense. Il fallait être particulièrement vigilant lors des décollages au sud-ouest, car si on allait trop loin on survolait les lignes allemandes et on se retrouvait de ce fait sous le feu de leurs armes antiaériennes.

La proximité du front incita bon nombre de pilotes à aller à la chasse aux trophées. Les plus prisés étaient les motos ; certains en trouvent même avec *side-car*. Bill John, du *508th Squadron*, fut particulièrement chanceux car il revint avec un *Kübelwagen*, le véhicule léger le plus utilisé dans l'armée allemande.

Autre passe-temps favori : la chasse aux prises de guerre (armes, couteaux, casques, uniformes et autres objets). Beaucoup de pilotes se faufilaient en direction d'Airel, juste après la voie ferrée, pour tenter de récupérer ces précieux trophées. Un soir, six d'entre eux (Abe Lyman, Delmer Sanburg, Ted Crosthwait, Jack Weir, William Corley et Weather Station Sweeney) se sont glissés jusqu'à un trou d'obus et ont passé un long moment au milieu d'un duel d'artillerie. Lors d'une autre excursion, John O'Rourke reçut un éclat d'obus dans le dos, ce qui calma un temps ces petites virées vers le front.

Jack Tueller et son chef mécanicien, devant un réservoir d'essence supplémentaire. (DR wikton.net.)

Veste de sortie complète d'un *Major* de la *9th Air Force* avec ses ailes et toutes ses décorations. A noter la *DUC* sur la poche de droite. (Collection privée.)

Entretien du moteur sur le P-47 du *Captain* Mc Laughlin. Notez la présence d'une bombe encore attachée sous la voilure. Sur le bord de la photo à gauche on distingue un tracteur Cletrac M2. (NARA.)

*First Lieutenant* Robert Colwell. (Wikton.net.)

La situation du nouveau terrain était idéale pour les missions rapides d'appui au sol. Quinze minutes tout au plus, entre le décollage des avions et le survol de la cible, la moitié de ce temps étant passée à tourner en rond au-dessus de l'objectif avant l'attaque. Les pilotes avaient à peine le temps de rentrer le train d'atterrissage qu'il fallait déjà appuyer sur le bouton pour larguer les bombes.

*« Dans les nouvelles conditions d'attaque sur la ligne de front en appui des forces terrestres, il sera nécessaire, pour des missions de support et d'assistance aérienne, d'être aiguillé par un contrôleur près des lignes et de diriger les pilotes vers les cibles spécifiques par le* Air Support Party*. Cette opération portera le nom de* Cabrank*. La règle sera que la cible soit normalement marquée avec des obus de fumées colorées. De tels obus seront tirés sur les ordres de l'*Air Support Party*. L'ordre de tirer les obus de fumée sera donné au dernier moment afin que la fumée n'ait pas le temps de s'éloigner de la zone. En cas d'un vent fort, les obus doivent être tirés continuellement sur la zone jusqu'à la fin de l'attaque. »*

(Note secrète, *IX Tactical Air Command*).

Cette façon de procéder est connue sous le nom de *« Cab Rank »*, terme emprunté à la *2nd Tactical Air Force* britannique qui procédait toujours ainsi pour traiter ses objectifs. Ce type d'opération débuta le 8 juillet pour le *404th Fighter Group* avec un nom officiel qui ne faisait pas état de ce nom mais *Mission XKQ-1*. Les objectifs devaient être marqués par de la fumée rouge et le nom de code du contrôleur *Jenny* sur le canal C.

Vus d'en haut, les résultats n'étaient pas évidents. En revanche, ce qui l'était *« c'est qu'il y avait beaucoup de travail à faire pour s'y habituer. »* Les noms des contrôleurs étaient toujours féminins et étaient apposés sur le coffre des radios transportées par les jeep (voir photo de la jeep avec le nom de *Donna*). Trente-cinq avions passèrent une demi-heure à travailler avec *Jenny*, le 8 juillet au matin, à bombarder des points fortifiés au sud-ouest de Carentan, marqués par des obus d'artillerie de couleur violette. Les bombes furent lâchées dans la fumée et atteignirent leurs cibles. Mais les résultats ne purent être observés du ciel. Le *Group* effectua une mission dans l'après-midi et détruisit un convoi de camions près de Villedieu-les-Poêles, puis un immeuble abritant un avant-poste allemand près de Carentan et, en fin d'après-midi, il rechercha des canons cachés près de Lessay.

L'ennemi avait toujours un saillant sur le front, en forme de triangle, de Lessay à Carentan jusqu'à Saint-Lô. Le sommet du triangle se trouvait près de Carentan et les Allemands menaçaient à tout

*Second Lieutenant* John Wainwright, Jr, *508th Fighter Squadron, 404th FG*. Crédité officiellement de six victoires aériennes, il est de ce fait le seul as du *Group*. On le voit ici avec son *Kübelwagen* récupéré aux environs de Saint-Lô. (NARA.)

**1** et **2.** Officier pilote de la *9th Air Force* donnant des instructions de direction aux avions en l'air, couvrant la *6th Armored Division*. L'indicatif du contrôleur est inscrit sur le côté de la radio, dans ce cas « *Donna* ». A noter également, une chose inhabituelle, le port de l'insigne de la *6th Division* sous l'insigne de la *9th Air Force*. (NARA.)

moment de couper le front normand en deux au niveau de l'estuaire de la Vire. L'artillerie allemande bombardait régulièrement la nationale 13, interrompant le trafic entre Cherbourg et la plage d'*Omaha*. L'effort effectué par les troupes terrestres pour réduire ce saillant était une préoccupation majeure pour l'état-major et constituait la mission principale d'appui au sol du *404th*.

Le seul jour où le *Group* n'effectua pas de mission d'appui au sol des troupes terrestres sur Carentan fut le 11 juillet. Suite à une directive de l'état-major de la *9th Air Force* qui décida d'envoyer tous ses *Squadrons* bombarder ponts, routes et voies de chemin de fer dans le sud de la Normandie et de la vallée de la Loire. Ceci afin d'interdire toute tentative allemande d'amener des renforts vers le front normand.

Le 10 juillet, le temps était mauvais ; vingt-quatre avions partirent quand même pour bombarder des positions d'artillerie dans le sud-ouest de Carentan.

## Initiation des pilotes au nouveau radar SCR 584

Les **12, 14** et **15 juillet**, le *Group* bombarda des troupes et de l'artillerie dans le secteur de Périers et Saint-Lô. Cinq sorties furent effectuées. Deux *Squadrons* anéantirent une position d'artillerie sur le flanc gauche de Lessay. Le **16**, les unités de la *1st Army* se trouvaient à quelques kilomètres des villes de Lessay, Périers et Saint-Lô. Durant un des nombreux breaks occasionnés par le mauvais temps, le lieutenant-colonel Cowart, du *555th Signal Aircraft Warning Battalion*, profita de ce temps libre pour initier les pilotes au nouveau radar, le SCR 584. Celui-ci était capable de localiser et suivre tout avion en l'air et le matérialise par un plot lumineux sur un écran radar. Grâce à ce matériel, le contrôleur pouvait diriger les avions d'interception sur l'ennemi avec une précision remarquable. Commandée par le capitaine John Ashby Marshall, une patrouille de six avions fut choisie pour accomplir la première mission de bombardement en aveugle, uniquement guidée par le radar, le 16 juillet en fin d'après-midi. Le lieutenant-colonel Cowart se trouvait lui-même devant l'écran pour mener à bien cette mission en liaison avec les contrôleurs aériens du *508th Squadron*. Les avions furent dirigés vers un pont choisi pour son approche difficile. Ensuite, sur ordre du contrôleur, ils plongèrent à travers les nuages et se trouvèrent juste sur le pont à la sortie du manteau nuageux. Ils n'eurent plus qu'à lâcher leurs bombes. Entre les missions normales du *Group*, les expérimentations continuèrent durant les deux jours suivants. Le lieutenant-colonel Johnson mena une patrouille de quatre avions sur un nouvel objectif, un petit pont difficilement identifiable en vol. Le ciblage ne fut pas aisé et les bombes ne touchèrent pas l'objectif principal.

En remontant, Johnson aperçut une patrouille de quinze Focke-Wulf 190. Le fait d'être en infériorité numérique ne le gêna nullement. Il piqua sur la formation, abattit un 190 tandis que les autres disparaissaient dans les nuages. La patrouille retourna sans dommages sur Cartigny-l'Epinay. Le *Major* Shook emmena une patrouille de sept avions dans la matinée du 18. L'objectif ne fut pas atteint. Le lieutenant-colonel Johnson mena la dernière mission test dans l'après-midi sur un quatrième pont. Les résultats furent jugés insuffisants. La principale difficulté est que le SCR 584 ne pouvait donner un axe de descente suffisamment fiable pour que les pilotes s'alignent sur l'objectif. Six missions furent menées le 17 juillet, cinq d'entre elles eurent pour cadre le secteur d'Angers et du Mans contre les aérodromes allemands du secteur et un dépôt de carburant. Cinq aérodromes furent touchés et endommagés.

Aucun avion allemand ne fut aperçu dans le ciel durant ces raids. Le seul récit d'une rencontre fut fait par Harvey Bates, leader d'une patrouille du *506th* durant sa seconde mission de la journée. « *J'ai vu un reflet sur ce qui m'a semblé être un bloc d'acier et je me suis dirigé vers lui. Le reflet venait de la surface d'un avion monomoteur, probablement nouveau. J'ai mitraillé et le reste de la patrouille a fait de même. L'avion a été détruit. Il était camouflé par des branches d'arbres enchâssées dans un filet.* »

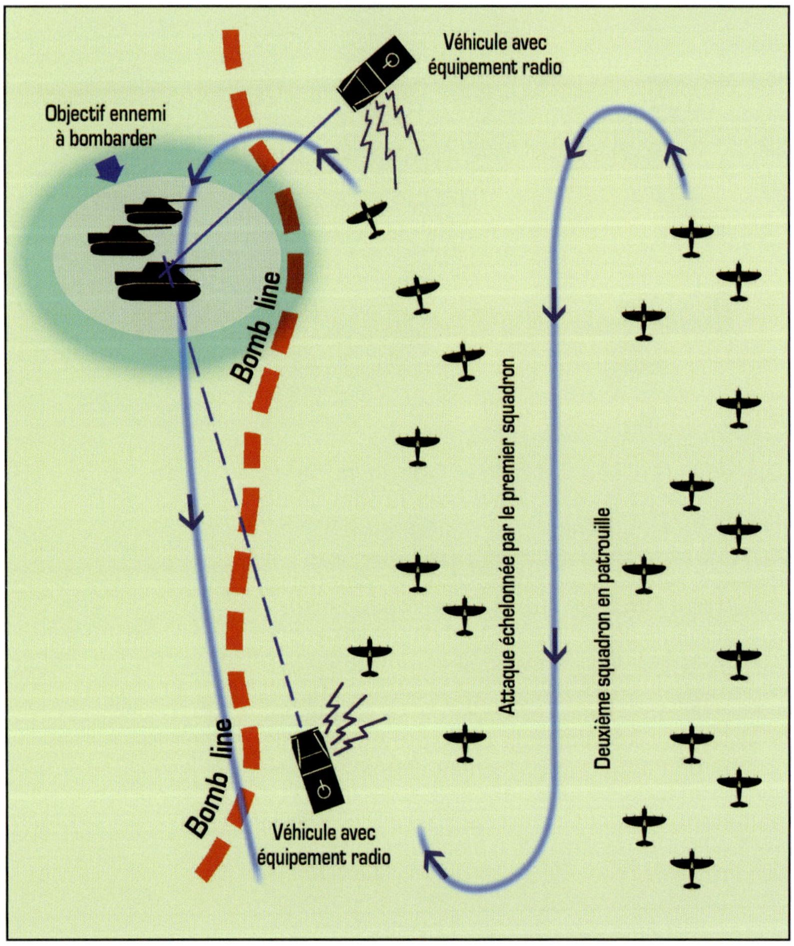


## Le général « rasé de près » par un avion en chute libre

De retour de la troisième mission, le *Flight Officer* Bill Donohoe, du *508th*, fut forcé de s'éjecter de son avion après que la *Flak* eut endommagé son moteur, de couper l'arrivée d'essence avant que la fumée n'envahisse le cockpit. L'avion s'est écrasé deux kilomètres à l'intérieur des lignes américaines, dans un petit champ entouré de « *foxholes* » et de half tracks. Le général Rose, commandant de la *2nd Armored Division*, se faisait coiffer à quelques centaines de mètres de là. Il a été « rasé de près » par l'avion, mais il a quand même félicité Donohoe de s'en être sorti vivant. Voici le récit qu'en fait Bill Donohoe : « *J'étais à environ deux kilomètres et demi du sol quand l'essence a commencé à jaillir dans le cockpit. J'ai perdu rapidement de l'altitude jusqu'à sept cent cinquante mètres en essayant de rejoindre rapidement nos lignes. Je me suis alors mis rapidement sur le dos pour pouvoir m'éjecter de l'avion. Ce ne fut pas facile, la fumée, l'huile et l'essence rendaient l'opération délicate. J'ai ressenti une grande secousse lors de l'ouverture du parachute, mais je n'ai pas été blessé. J'ai eu peur à un moment lorsque j'ai vu des balles monter vers mon avion. Les gars en dessous ne pouvaient pas savoir que cet avion n'était pas un ennemi. J'ai atterri à environ 500 mètres du lieu du crash. Ils m'ont emmené voir le général. C'était drôle de le trouver assis en train de se faire couper les cheveux. Il m'a dit qu'il était content de me voir en vie et qu'il allait prendre des dispositions pour me rapatrier à ma base.* »

Effet du bombardement sur un train de ravitaillement allemand. (NARA.)

Photo d'un radar SC et de son central de contrôle. (NARA.)

Très belle photo montrant les dégâts occasionnés par la Flak sur l'aile d'un P-47.

Au cours de la dernière mission de la journée, le capitaine Jack L. Tueller a lâché ses bombes sur un emplacement regroupant cinq canons allemands. Il escortait le lieutenant Archibald Robinson, lorsqu'il a été touché par la *Flak*. Des éclats se sont incrustés dans le moteur et ont emporté un aileron. Malgré ces dégâts, Robinson réussit à poser son avion sans autre casse. « *J'ai guidé Robinson lors de notre retour à la base. Quand la position de* Flak, *sans doute la même qui l'avait touché à l'aller, a ouvert le feu, j'ai plongé sur eux et lâché mes deux bombes. Je les ai touchés. Je pense que c'était de la folie de piquer vers ces canons me tirant dessus, mais je suis un peu fou.* » Voilà le récit de la mission par Jack Tueller. Ce qui fit dire au *Major* Moon : « *Je serais favorable à l'arrêt des bombardements des usines de chasseurs. S'ils doivent bombarder des usines, qu'ils bombardent celles qui fabriquent la* Flak. »

Le *Major* Shook termina la journée par une mission de bombardement vers 21h45, sur une route à l'est de Saint-Lô, juste avant que la *29th Infantry Division* ne fasse mouvement. Les quatre missions de bombardement et les deux missions expérimentales du **18 juillet** causèrent la perte de deux avions et de leurs pilotes dont on n'eut des nouvelles que neuf mois plus tard après qu'ils eurent été relâchés de leur camp de prisonniers.

Lors de la quatrième mission à la recherche d'un poste d'observation allemand à dix kilomètres à l'est de Périers, que les pilotes ne trouvèrent pas à cause du brouillard, un tir de Flak toucha l'avion de Frank Gillespie. Les flammes commencèrent à sortir à l'arrière du cockpit. A 150 mètres du sol, Franck réussit à sortir de son avion. Chuck Viccellio, son ailier, vit son parachute s'ouvrir. A la sixième et dernière mission de la journée, l'objec-

Des mécaniciens transbordent de l'essence depuis des bidons vers un GMC F3 d'avitaillement sur un ALG. (NARA.)

Sur cette photo de propagande, le général Quesada, aide un pilote à remplir le réservoir de son P-47. Nous voyons bien le pistolet dans les mains du général. (NARA.)

tif était un pont à onze kilomètres au nord-est de Saint-Lô. Comme pour les autres missions de la journée, le brouillard empêcha tout bombardement. Le *Major* Ray Elledge fut touché par la Flak, son moteur stoppa net et il n'eut d'autre solution que de se poser près des canons qui l'avaient descendu. Légèrement blessé, il fut rapidement fait prisonnier par des éléments de la *Panzer-Lehr-Division*.

## Retour des missions d'escorte le 19 juillet

Le **19 juillet** marque le retour des missions d'escorte. Les trois *Squadrons* accompagnent des formations de Douglas A-20 sur des objectifs dans le sud-ouest de la Normandie. Plus tard dans la soirée, douze avions du *506th* ont attaqué un dépôt de matériel à trois kilomètres au sud de Périers. Tous les *Squadrons* ont effectué une sortie chacun, le jour suivant. Les objectifs étaient des voies de chemin de fer et des nœuds routiers plus au sud, près de Laval et Fougères. A quinze kilomètres au nord-est de Laval, sur une voie de chemin de fer remontant vers Caen, le *506th* détruisit un convoi d'une quarantaine de wagons transportant des véhicules de remplacement pour les divisions blindées allemandes alors stationnées au sud de Caen.

Après avoir détruit le pont devant le train, le *Group* fit sept passes au-dessus du convoi en le mitraillant. Le *Major* Shook estime à cent cinquante le nombre de véhicules détruits sur les wagons. De retour de la dernière mission de la journée au-dessus de la Manche, à l'ouest de Cherbourg afin d'éviter la *Flak*, le *507th* rencontre au large de Barneville un énorme barrage de Flak qui endommage six avions sur les dix de la patrouille. Art Washburn a été rapidement touché, son avion pique en flamme vers le sol, mais il réussit à s'éjecter. Convaincu d'avoir été touchés par erreur par leur DCA, les pilotes du *507th* refont un passage vers l'intérieur de la presqu'île du Cotentin en direction de Saint-Sauveur-le-Vicomte, mais pas de trace de DCA ou de l'avion de Washburn.

Après l'atterrissage et le debriefing, il s'avère qu'une erreur de navigation s'est produite. Le *Squadron* a survolé la ligne de front au-dessus de Périers fortement défendue par la *Flak*. Trois jours plus tard, après une accalmie due aux conditions climatiques, le *Group* organisa deux patrouilles de douze avions pour bombarder des ponts et des voies de chemin de fer dans le secteur de Coutances et Granville. La troisième mission eut lieu sur un dépôt de munitions à environ trois kilomètres de Périers. Les vols se sont déroulés sans apparitions de la *Luftwaffe* et avec une *Flak* légère qui endommagea trois avions. Mais le *Group* allait perdre un de ses pilotes au départ de la première mission. Lors du décollage, Ed Grove donna un léger coup de manche pour coller à la formation et son avion s'écrasa en bout de piste au sud de l'aérodrome. L'infortuné pilote décéda durant son transfert à l'hôpital.

Les jours suivants, les officiers de l'état-major et du renseignement virent passer des mémos marqués *Opération Cobra*. Une fois les plans entre leurs mains, il ne manquait plus qu'à fixer le jour et l'heure de l'attaque. Douze ou treize divisions

# Le ravitaillement sur les aérodromes

STANDARD MILITARY MOTOR VEHICLES

**TRUCK, FUEL OR OIL SERVICING, 750 GAL., 2½-TON, 6 x 6, F-3**

Technical Orders: T.O. 19-25-47. Parts List:

Manufacturers: General Motors Truck and Coach Div. of Yellow Truck and Coach Mfg. Co.; Equipment—The Heil Co.

RA PD 309031

Classification: Standard

Purpose: Used by Army Air Forces for servicing aircraft with oil or gasoline.



Dans la poursuite de la standardisation de sa flotte de véhicules, l'*USAAF* demanda à la firme Heil de lui construire un camion avitailleur pour intervenir indifféremment sur les aérodromes en dur ou en terre. Le châssis GMC CCKW 353 fut choisi. Ce modèle prit la dénomination F3 et fut équipé d'une citerne de 2840 litres. Ce véhicule pouvait transporter de l'essence ou de l'huile et était équipé d'une pompe pour pouvoir distribuer l'essence de façon autonome. Tous les modèles ont été construits avec cabine tôlée. Une version avec une contenance inférieure en essence a aussi été construite par Heil sous la dénomination L2 toujours sur châssis GMC CCKW353.

Exemple d'utilisation du GMC ravitailleur F-3 sur un ALG normand en juin 1944. (NARA.)

Pistolet pour remplir les réservoirs d'avion d'essence ou d'huile. Noter les marquages d'identification sur l'appareil. (Fonds Aure du Commun.)

Scène d'avitaillement et de préparation de mission sur un ALG normand. (NARA.)

faisaient face à la *1st Army* à l'ouest de la Vire. Un corps d'armée américain allait passer dans un couloir de six kilomètres et demi à l'ouest de Saint-Lô et longer la Vire pour atteindre le secteur de Saint-Malo-de-la-Lande, près de Coutances, et ainsi encercler dix divisions allemandes dans le secteur de Périers-Lessay. La ligne de départ de l'attaque était fixée sur un axe Bréhal-Percy-Tessy-sur-Vire.

Les bombardiers lourds de la *8th Air Force* ainsi que les bombardiers moyens et les chasseurs bombardiers de la *9th Air Force* avaient pour mission de dégager le corridor de toute présence allemande. La zone d'exclusion se situait entre Le Mesnil-Vigot et Hebécrevon sur l'axe de la route de Périers en descendant vers le sud et Marigny. Les secteurs de bombardement furent répartis de la façon suivante : les bombardiers de la *9th* assuraient le bombardement du secteur sud du dispositif, tandis que les bombardiers de la *8th* assuraient le bombardement du secteur central et nord. Quant aux chasseurs-bombardiers, ils assuraient la protection rapprochée des troupes au sol en dégageant les objectifs éventuels. Les divisons américaines étaient déjà sur la ligne de front, prêtes à foncer dès l'ordre reçu. Au total, vingt-cinq divisions se faisaient face.

La troisième armée, sous les ordres du général Patton, venait d'arriver dans le secteur. Les pilotes entendirent toute la nuit le bruit des chenilles des chars sur la route reliant Trévières et Omaha Beach, à l'ouest du terrain A-5, et continuant en direction de Saint-Lô. La *5th Armored Division* montait vers le front. Le 24 juillet, les pilotes furent briefés et mis en alerte dans leurs avions, prêts à décoller au signal, pour appuyer l'attaque et l'avancée des blindés à l'aube. Le ciel était bas et couvert. Les pilotes et leurs mécaniciens en-

Jerrycans US trouvés dans une ferme du secteur du Molay-Littry. (collection Ph. Trombetta.)

Plaque d'indice d'octane de couleur verte marquée 100 indiquant du carburant d'avion. Cette plaque est apposée sur les jerrycans US. (Fonds Aure du commun, Bayeux.)

**Ci-dessus :** aile de pilote fantaisie avec l'intégration de l'insigne de la *9th Air Force* à la place de l'écu en central. Fabrication anglaise. Cet insigne aurait été fabriqué à la demande des pilotes de chasse de la *9th* afin de se différencier auprès des populations civiles en Europe de leurs homologues des bombardiers de la *8th*. (Collection Ph. Trombetta.)

**Ci-contre :** Jack Tueller dans le cockpit de son P-47 « *Rosanne* ». (DR wikton.net)

**Ci-contre :** Jack Tueller, avec son avion « *Rosanne* », fait une halte sur la base de Bassingbourne afin de rendre visite à son frère. (DR wikton.net)

P-47 D22 7J-X, serial 42-25873 « *Rosanne* », piloté le *Captain* Jack Tueller.

© Thierry Vallet / 2013

Reportage photo réalisé par un camarade de Jack Tueller à Wikton en mai 1944. (DR wikton.net)

*First Lieutenant* Kerr. (NARA.)

Le *First Lieutenant* Charles Vicellio et le *First Lieutenant* Benhamin Kitchens. Ces deux pilotes sont morts à un mois d'intervalle. Kitchens est tombé sous les yeux de Vicellio, fin juin, tandis quece dernier a été mortellement blessé dans son cockpit par des B-24 ayant bombardé par erreur la piste A-5, le 24 juillet 1944. (NARA.)

P-47 D22 7J-Z, serial 42-25998, « *My Lady June* », piloté par le lieutenant Edward James.

*First Lieutenant* Charles Vicellio. (NARA.)

tendirent plus qu'ils ne virent le bruit des gros quadrimoteurs qui se déplaçaient de Saint-Lô vers l'Angleterre.

## Attaque fratricide par un B-24

Soudain, une série de violentes explosions secoua l'ensemble du terrain. Tout le monde se rua vers les *fox-holes*, y compris le colonel Mc Colpin qui sortit rapidement de son avion « *short squirt* » (Petite seringue) et rejoignit son état-major. Près du mess des officiers et sur le dispersal du *508th*, cinq foyers d'incendie s'étaient déclarés. Des bombes au phosphore envoyaient sur les avions leurs sinistres nuées blanches. Les munitions et les bombes à fragmentation d'un P-47 en flammes explosaient une à une, envoyant balles et éclats dans toutes les directions. Puis des hommes surgirent, casqués, avec masques à gaz et carabines, prêts à répondre à une nouvelle attaque. Les blessés commençaient à crier et à appeler au secours. Des pilotes étaient extraits de leur avion en feu. Les mécaniciens et les pilotes commencèrent à sortir des haies et des trous. L'avion de Count Colwells fut endommagé, Bill Kerr fut blessé par un éclat de métal ayant traversé sa verrière. Jack Conner eut juste le temps de sortir de son avion avant que celui-ci prenne feu. Il vit sur sa droite l'avion de Chuck Viccellio prendre feu, Chuck toujours harnaché dans son cockpit. Jack courut jusqu'à l'avion et réussit à extraire son camarade de l'appareil en flammes. Il le confia à des infirmiers, puis repartit aider les mécaniciens et les armuriers blessés un peu partout sur le terrain. Un avion explosa, tuant sur le coup le sergent Edward Botte et le caporal Robert Hopkins. Certains ne survécurent pas à leurs blessures, tels Charles Viccellio et le soldat Hickman. Quatorze autres personnes furent blessées, trois avions entièrement détruits et huit autres endommagés.

Trois bombes de 100 livres, non explosées, furent trouvées sur le terrain.

Le témoignage d'un artilleur ayant aperçu un B-24 à la faveur d'une trouée dans les nuages permit de lever le voile sur la tragédie qui venait de se produire. Le B-24 en question avait lâché un chapelet de vingt bombes sur le terrain. Tous les pilotes et le personnel étaient consternés par cet accident et se demandaient comment une erreur pareille avait put se produire, l'objectif initial et l'aérodrome étant distants de quinze kilomètres.

Insignes de col d'officier de l'*USAAF*. (Collection Ph. Trombetta.)

# La percée

3

Excellent cliché où l'on voit l'officier d'armement du *squadron* inspecter une bombe avant que celle-ci soit placée sous l'aile du P-47 sur un ALG normand. (NARA.)

L'ordre du départ est donné le **25 juillet**. Décollage à 10 h 20 pour une arrivée sur cible prévue à 11 h 18. Quinze groupes de chasse sont mobilisés pour couvrir l'opération. Le *404th* est assigné à la partie est de la zone dévolue aux chasseurs bombardiers, tandis qu'au sud les gros quadrimoteurs doivent saturer la zone de leurs bombes de 100 livres. Au centre, les bombardiers moyens ont pour mission de larguer leurs bombes de 500 livres au phosphore afin de masquer à l'ennemi l'avancée des troupes.

Duane Int-Hout relate ainsi sa vision de l'attaque : « *Il y avait sur la zone un voile de fumée qui la recouvrait entièrement. La fumée couvrait une surface d'environ huit à dix kilomètres sur une hauteur de six cents mètres environ ; elle se dirigeait vers le nord et au-delà de Carentan, où elle s'étirait sur une largeur d'environ quinze kilomètres. La zone semblait complètement retournée. A certains endroits, il y avait des tirs intenses de canons antiaériens légers, mais apparemment on avait fait taire la plupart des batteries. Elles avaient utilisé leurs munitions pour tirer sur les bombardiers* ».

Certains pilotes se sont rendus plus tard sur zone. Un impact de bombe avait jeté un tas d'argile et de poussière sur la route principale, la colorant en rouge et lui donnant ainsi une couleur de sang séché au soleil couchant. Juste à l'ouest de la route, dans une courbe en S, dans le fossé au côté sud, se trouvait un grand cratère, avec de l'autre côté dans le champ des dizaines de cratères d'obus. Les bâtiments avaient été soufflés, les chemins de traverse étaient bloqués par des décombres et des vaches mortes jonchaient les champs.

Le long des haies, l'explosion avait labouré un champ, détruisant les haies, les tentes et les tranchées allemandes. Deux seaux à charbon, des casques et des débris divers jonchaient le sol. Trois véhicules complètement détruits se trouvaient dans un autre champ, une jeep amphibie Volkswagen était retournée ; des bandes de munitions de mitrailleuse, des conteneurs de masques à gaz, un lance-flammes, des poignées en bois pour des grenades « presse-purée » jonchaient le sol. Sur un buisson, en contrebas de la route, une casquette allemande pendait toute seule. Derrière une haie, sous un pommier (sans feuilles, bien que ce soit le milieu de l'été), se tenait debout un canon automoteur sur un châssis char *Panzer IV* déjà piqué par la rouille.

Photo prise sur un ALG nous montrant un Chevrolet M6 avec une bombe accrochée à son palan, tandis que deux mécanos inspectent le cockpit d'un P-47. A noter, la présence d'un réservoir supplémentaire sous les ailes. (NARA.)

Dans la soirée, des rumeurs firent état de dégâts collatéraux lors du déclenchement de l'offensive. Des bombardiers moyens auraient par mégarde largué des bombes sur les troupes au nord-est de Saint-Lô. Des incendies faisaient rage à environ un kilomètre en avant de la ligne de front, sur la route de Périers à Saint-Lô et vers le bois du Hommet, ligne de départ de la *3rd Armored Division*.

Au soir du 24 juillet, le Major Tice décide de rendre visite aux officiers de la *3rd Armored* pour faire connaissance. La mission du 404th, le lendemain et les jours suivants, sera de couvrir l'avance de la *3rd Armored* sur la route Marigny-Coutances dans le cadre de la phase deux de l'opération Cobra. La crainte des pilotes était que les bombes tombent sur l'avant-garde de l'attaque.

Les pilotes, tout l'après-midi, ont attendu l'appel de la division pour les couvrir. L'infanterie avait pour mission de dégager la route pour les blindés qui devaient s'élancer entre 14 heures et 19 heures. Vers 19h30, trente-cinq appareils du *404th Group* prirent l'air pour anéantir une position fortifiée, bloquant la route à la Chapelle-en-Juger. Seulement un tiers du trajet prévu avait été effectué. Les pilotes réduisirent rapidement la position ennemie, ouvrant de nouveau la route aux blindés. Ils ne purent s'empêcher de penser que si cette attaque n'aboutissait pas, il faudrait encore de nombreux mois avant de renouveler pareille attaque.

## Attaque massive le 25 juillet

Le 25 au matin entre 6 heures et 6h30, trente-six avions décollèrent afin d'anéantir la résistance des troupes blindés allemandes dans le secteur de Saint-Gilles, un carrefour important entre Marigny et Saint-Lô. Un plafond bas d'environ 300 mètres recouvrait le champ de bataille, empêchant tout bombardement en piqué. Un *Squadron* est revenu avec ses bombes tandis que les deux autres ont eu de la chance de trouver une trouée dans les nuages quelques kilomètres plus loin et ont bombardé deux ponts.

Une heure plus tard, quatre *Flight* de quatre avions sont sortis en couverture des blindés mais la visibilité sur la zone étant réduite, ils durent retourner rapidement à l'aérodrome. Entre 8h30 et 11 heures, cinq autres missions eurent lieu, deux avec un *Squadron* complet et comme unique objectif la destruction du carrefour de Saint-Gilles et trois pour assurer la couverture de la *3rd Armored Division*. Des cibles alternatives avaient été définies à l'est et au sud, mais le plafond bas a empêché toute approche. Le contrôleur du *IXth Tactical Command* (indicatif *Sweepstakes*) prit la décision de rappeler tous les avions en vol et de surseoir à toute sortie ultérieure tant que le plafond resterait aussi bas. Le temps, ce jour-là, était allemand. Vers 13 heures les nuages se disloquèrent et ordre fut donné de décoller. De 13 heu-

# Le Chevrolet M6 porte-bombe

STANDARD MILITARY MOTOR VEHICLES

**TRUCK, BOMB SERVICE, M6, 1½-TON, 4 x 4**

Technical Manuals: TM 9-765, TM 9-1765A, TM 9-1765B. Parts List: SNL G-85

Manufacturer: Chevrolet Motor Div..(General Motors Corp.), (Model G 7128).

RA PD 66563

Classification: Standard

Purpose: To tow bomb trailers and lift bombs on and off trailers.

Le Chevrolet M6 sur châssis G7-128 fut construit à 3 175 exemplaires. Initialement conçu pour transporter les bombes à bord des bombardiers, il fut rapidement réaffecté sur les *ALG* en Angleterre et sur le continent à l'approvisionnement des chasseurs-bombardiers de la *9th Air Force*, grâce à sa manœuvrabilité sur terrain difficile.

**Ci-contre :** exemple d'utilisation du Chevrolet M6 afin de transporter les bombes vers les P-47 sur les *ALG*. (NARA.)

**Ci-dessous :** insigne d'armurier de l'*USAAF* porté sur le bas de la manche d'une chemise ou d'un blouson. (Coll. auteur.)

Le *Captain* Benjamin F. Yeargin fait sa toilette du matin avant de partir en mission. (DR wikton.net)

Dans le secteur de Mortain un P-47 survole une colonne de Sherman. (NARA.)

res à 22 h 30, plus de cinquante avions prirent l'air pour un total de douze missions, décollant à une heure d'intervalle afin de couvrir « *Poodle* » et « *Bronco* » les *Combat Commands A* et *B* de la *3rd Armored*. (Un *Combat command* était une organisation militaire interarmes de taille comparable à celle d'une brigade ou d'un régiment employés par les forces blindées de l'armée de terre des États-Unis à partir de 1942. La structure des *Combat commands* était organisée autour de tâches, de sorte que les forces affectées à un *combat command* varient souvent d'une mission à une autre). La première frappe eut lieu à trois kilomètres au sud du Mesnil-Vigot et à huit kilomètres à l'ouest de Marigny, sur le flanc ouest de la percée, et eut pour cible une concentration de véhicules et de canons. Les blindés ennemis changèrent soudain de direction et remontèrent vers Coutances sur l'axe planifié pour l'avancée de la *3rd Armored*.

John Robinson. (Wikton.net)

Effet du bombardement des P-47 sur une colonne de semi-chenillés allemands dans la poche de Falaise. (NARA.)

Voici la liste des objectifs assignés au *404th* durant la fin de journée :

- Un emplacement de canon et poste d'observation d'artillerie au nord est de Coutances.

- Les haies bocagères et la route menant à Cerisy-La Salle.

- Tous les véhicules sur les routes et cachés dans les haies, dans un rayon de huit kilomètres au nord-est et à l'est de Coutances.

- Tous les véhicules et positions d'artillerie, dans un triangle compris entre Coutances-Saint-Sauveur-Lendelin et Cerisy-La-Salle.

- Les bois au sud-ouest de Gavray.

- Les haies et les véhicules sur la route reliant Marigny à Coutances.

- Les Allemands cachés dans les maisons et les bois à Monthuchon à environ cinq kilomètres au nord de Coutances.

- Des camions et des canons à l'est de Coutances et encore des canons au nord-ouest de Coutances.

Enfin la nuit tombe. Pendant que les pilotes partent dormir, les mécanos se mettent au travail à l'aide de lampes torches et réparent ou entretiennent les avions du *Group*. Les officiers de renseignement, quant à eux, compilent tous les entretiens et transmettent la synthèse au quartier général du *IXth Tactical Command* (*Football*).

La journée du lendemain ne commence pas sous les meilleurs auspices. Joe Sherwood ramène son *Flight* vers 8 heures à la base avec ses bombes accrochées sous le fuselage. Le plafond est alors d'environ 300 mètres. Les opérations ont repris vers 10h40 quand le capitaine James A. « *Hoss* » Mullins, à la tête de quatre chasseurs, couvre la route de Marigny à Coutances sous la bénédiction de « *Bronco* » afin de sécuriser l'avance de la division. Le plafond nuageux s'est alors dégagé, laissant assez de trous pour permettre des opérations de bombardement et d'interception.

## La *Luftwaffe* fait son apparition

En tout, vingt-quatre missions furent effectuées dans la journée, totalisant cent trois sorties. Dix-sept frappes eurent lieu dans le secteur de Coutances, quatre près de Cerisy et Villedieu, deux dans le secteur d'Avranche-Bréhal et une en profondeur dans le secteur de Mayenne et Laval. La directive de la journée était de détruire tous les carrefours, les postes d'observations, les forêts suspectes, les haies, les véhicules à moteur et surtout les chars ennemis. C'est Georges Hughes qui a aperçu le premier tank de la journée, au cours de la quatrième mission. Il a lâché ses bombes sur le blindé ennemi, qui se trouvait seul dans un champ, mais ne l'a pas détruit. Claude O'Brien fut crédité du premier char détruit par le *Group,* lors d'une passe avec ses quatre ailiers, laissant deux Panzer en flamme sur la route à dix kilomètres à l'est de Coutances. Il a prouvé par la même occasion qu'une rafale de mitrailleuse bien ajustée pouvait détruire un char.

Les autres pilotes du *Group* rencontrèrent plus ou moins de succès. Si certains tanks furent détruits, d'autres continuèrent à rouler avec des trous d'obus de 50 mm dans leur blindage. Ce fut la seule fois de la journée où la Luftwaffe fit son apparition sur le front. Après une passe de mitraillage sur un carrefour, les P-47 remontent avec leurs bombes à une altitude de cinq cents mètres, lorsque O'Brien se retrouve dans une mêlée avec des Fw-90 juste en face. Il tire alors plusieurs rafales qui atteignent le troisième appareil ennemi à l'arrière.

**Ci-contre et ci-dessous :** scènes montrant le stockage et la manipulation des Jerrycans d'essence sur un terrain normand. Les GMC avitailleurs étant en trop petit nombre, on a recours à l'avitaillement par jerrycans. D'où la nécessité de les stocker au plus près des avions. (NARA.)

**Ci-contre et ci-dessous :** résultats de frappes effectuées sur des convois de véhicules sur les routes normandes. (NARA.)

Voici le récit de Claude O'Brien sur cet engagement : « *Je l'ai suivi en piqué. Nous volions à la hauteur de la cime des arbres durant dix kilomètres environ. Je lui ai lancé deux ou trois rafales, ce qui fait environ quatre cents coups. Je n'ai pas vu d'impact sur l'avion, mais quelques secondes plus tard il a essayé de prendre de l'altitude avant de plonger vers le sol et d'exploser en mille morceaux* ».

Luciano Herrera, l'ailier de O'Brien, engagea un autre 190 puis le perdit de vue. Après quoi Bill John, ailier de queue de cette formation, vit un autre avion s'écraser dans les environs.

La mission se termine par une victoire sûre, une victoire probable et un appareil endommagé, pour la perte d'aucun avion allié. Durant le même laps de temps, Tom Weller et son ailier Ray Donnelly mènent une attaque sur la route au nord-est de Coutances. « *On a plongé sur un convoi de six ou huit véhicules garés au bord de la route et on les a mitraillés à une distance de 150 mètres. Des tirs à l'arme légère sont montés vers nous, sûrement les chauffeurs des camions* » décrit Tom dans son rapport. Ray Donnelly, quant à lui, en rajoute. « *Je ne pouvais pas aligner mes tirs avec Tom devant moi. J'ai mitraillé les abords de la route et les haies voisines.* »

Durant cette même mission le Squadron perdit un pilote. Il s'agit de Bob Duffy. Après que Weller eut détruit les camions et pris de l'altitude pour faire un bombardement en piqué, le second élément du Flight reçut des obus de *Flak* lors de son passage sur la colonne. Yank Wydner, le leader, tente alors une manœuvre d'évasion pour éviter les balles. Il se retourne pour voir son ailier mais le ciel est vide. Personne n'a vu l'avion s'écraser ou un parachute s'ouvrir. Bien des mois plus tard, le capitaine Rolland G. Mc Cartney, adjudant du *506th Squadron,* reçut une lettre de la tante de Bob l'informant de sa capture et de son internement dans un camp de prisonniers. Georges Hughes, pour sa part, détruisit deux autres tanks à trois kilomètres au nord-est de Coutances. Tous les deux étaient camouflés sur le bord de la route venant de Marigny. Un coup direct détruisit le premier, l'envoyant dans le fossé, le deuxième avait l'air abandonné, toutes ses trappes ouvertes. Hughes fit demi-tour pour revérifier que la route était dégagée. Voici la transcription des échanges radio entre lui et l'officier de liaison de la *3rd Armored*.

P-47 D22 7J-N, serial 42-25693, piloté par le *Captain* Harry J. Nystrom.

Capitaine Joseph Landa (à gauche) et capitaine Harry Nystrom à Wikton, mai ou juin 44. (Wikton.net)

*Bronco* : « *Bonjour* White Flight, *c'est vous qui tournez autour de nous ?* »

A 600 mètres au-dessus, Georges regarde les Sherman alignés sur la route. Certains d'entre eux portant les panneaux rouges d'identification « *Roger* ».

*Bronco* : *Avez-vous dégagé la zone devant nous ?* »

Les avions descendent alors au-dessus de la colonne et arrosent chaque bas-côté sur deux kilomètres.

Hughes*: « Bonjour* Bronco*, route dégagée jusqu'au sommet de la colline, deux tanks dans la vallée. »*

Hughes*: « Rectificatif* Bronco*, on en a manqué un sur le côté droit de la route. Maison à 200 mètres devant vous. »*

Les quatre avions piquent et mitraillent un *Panzer III* caché derrière les murs d'une maison sur le bas-côté, puis remontent vers la colonne de *Sherman*. La dernière chose que virent les avions, curieusement, fut une ambulance allemande venant de Coutances et se dirigeant vers l'épave du *Panzer III*.

Photo du *Staff Sergeant* Ray O. Miller. Jockey dans la vie civile, sa petite taille lui permet de rentrer dans le capot moteur d'un P-47, nous permettant de mieux apprécier la taille importante de l'avion. (NARA.)

## Le *Group* cité à l'ordre de la *9th Air Force*

Pour toutes les missions de ces trois derniers jours, le Group fut cité par le *Major General* Quesada, du *IX TAC*, et le *Brigadier General* Macauley, du *70th Figther Wing,* à l'ordre de la *9th Air Force*.

Le 28 juillet, le *Group* fut relevé de sa mission de couverture de la *3rd Armored* et accomplit trois missions de couverture au profit de la *29th Infantry Division*, en couvrant la zone allant du flanc est de la percée jusqu'aux rives est de la Vire. Vers 20 heures, le *Group* fut mis en alerte et trente-cinq avions décollèrent pour empêcher le déploiement de troupes sur le front et stopper quatre trains remontant de Tours. Les indications étant imprécises, il fallut du temps pour trouver les cibles, mais la chance était au rendez-vous. La première fut localisée à Château-Renault à 27 kilomètres au nord-est de Tours et la deuxième à Saint-Calais à 60 kilomètres au nord de Tours. A Château-Renault, le *506th* détruisit un train complet comprenant la locomotive et plus de cinquante wagons. Trois wagons citernes explosèrent ainsi qu'un entrepôt sur le bas-côté de la voie. A Saint-Amand-de-Vendôme, un *Flight* du *507th*, commandé par le capitaine Weller, détruisit un convoi de chemin de fer de douze wagons. Le reste du *Group*, emmené par le *Major* Howard L. Galbreath, détruisit pour sa part à Saint-Calais un convoi de vingt wagons de marchandises et de transport de chars. A Vendôme, le *508th* attaqua un convoi encore plus important, dont il détruisit cinquante des soixante voitures.

# Le tracteur *High Speed* M2 Cletrac

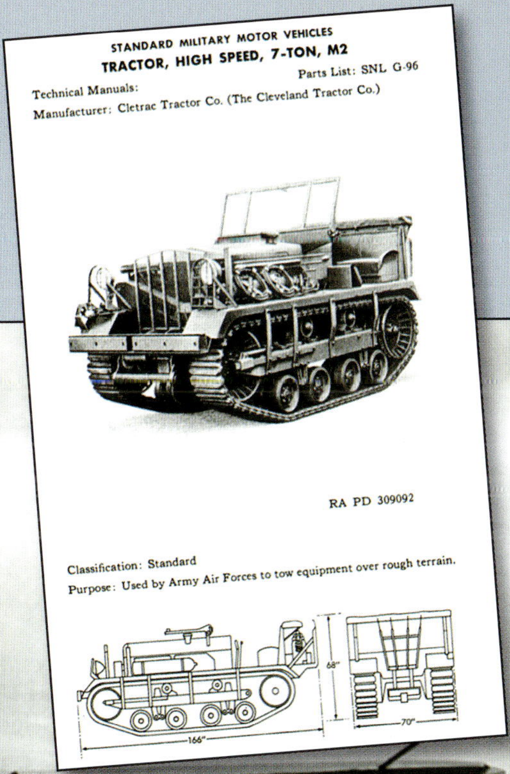

STANDARD MILITARY MOTOR VEHICLES
TRACTOR, HIGH SPEED, 7-TON, M2

Technical Manuals: Parts List: SNL G-96
Manufacturer: Cletrac Tractor Co. (The Cleveland Tractor Co.)

RA PD 309092

Classification: Standard
Purpose: Used by Army Air Forces to tow equipment over rough terrain.

68" 166" 70"

Tracteur *High Speed,* 7-ton, M2. Ce modèle construit par Cletrac équipa toutes les unités de l'*USAAF*, quel que soit le théâtre d'opération. Ce matériel, initialement construit pour tracter les avions des *dispersals* vers les pistes de roulement, servit en fait de « bonne à tout faire ». Equipé d'une génératrice délivrant du 110 volts sous 3000 watts et d'un compresseur d'air, le M2 s'est révélé un véhicule essentiel sur un aérodrome. Idéal pour démarrer un avion récalcitrant ou regonfler un pneu à plat. Il fut le seul tracteur construit pendant la Seconde Guerre mondiale à avoir reçu des chenilles souples en caoutchouc.

**Ci-contre :** insigne de mécanicien de l'*USAAF* porté sur le bas de la manche d'une chemise ou d'un blouson. (Coll. auteur.)

**Ci-dessous :** exemple d'utilisation d'un tracteur M2 sur un *ALG*. (NARA.)

Capitaine John Connor dans son cockpit à Wikton, juin 44. (Wikton.net)

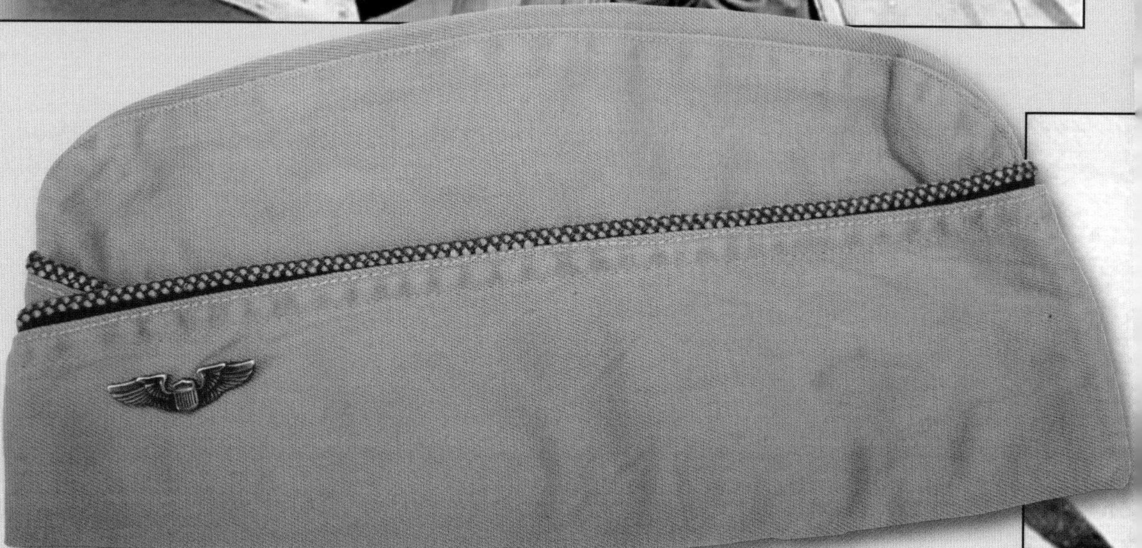

Calot avec liseré bleu et orange de l'*USAAF*. A noter, les ailes en miniature sur le côté gauche à la place de l'insigne d'officier. (Fonds Aure du commun, Bayeux.)

Le *First Lieutenant* Benjamin Kitchens tué le 24 juillet 1944 par un bombardement fratricide de B-24 ayant largué par erreur leurs bombes sur le terrain A-5. (NARA.)

P-47 D22 7J-E, serial 42-25704 « *My Moselle*», piloté par le *Major* Ernest D. Tibbets tué au combat le 12 août 1944.

Détail des marquages de l'appareil du *Major* Ernest Tibbets. (DR wikton.net)

Le lieutenant-colonel Howard L. « *Skin* » Galbreath. (DR Wikton.net.)
Scène d'entretien et de réparation sur un aérodrome normand. (NARA.)

Le **29 juillet** sonne le retour à la couverture de la *3rd Armoured Division*. La journée démarre par la plus importante bataille avions-chars de l'histoire du *Group*. Le capitaine Ernest Tibbets dirige un Flight de quatre avions du *508th*, quand il aperçoit trente-cinq tanks alignés comme des fourmis sur une route secondaire, au sud-est de Gavray vers Villedieu-les-Poêles. Le *Flight* volait alors à une altitude de 1000 mètres juste au-dessus d'eux, lorsqu'ils fut pris à partie par une *Flak* légère. Tibbets donna alors l'ordre d'attaquer la colonne. Jerry Perlysky, son ailier, vit la première bombe exploser en tête de la colonne, détruisant ainsi le premier et le troisième tanks. Voici son récit : « *Je n'ai pas lâché mes bombes lors du premier passage. Je me suis dirigé vers une batterie de* Flak *de 37mm à environ 100 mètres en avant de la colonne. Je l'ai détruite puis j'ai refait un passage sur la colonne pour lâcher mes bombes. Au total nous avons fait quatre passages et laissé en partant les chars brûler. La* Flak *a diminué au fur et à mesure de nos passages et à la fin, seulement un ou deux chars nous tiraient encore dessus* ».

A travers la fumée et la poussière, les pilotes aperçurent les carcasses de dix ou quinze chars détruits et environ une dizaine d'autres endommagés. Trois avions sur quatre furent touchés par des éclats d'obus. Au-dessus de la ligne de front, entre 6h30 et 7 heures, le capitaine Mc Laughlin, avec un *Flight* du *506th*, survole le même secteur que Tibbs et rencontre sur la route des colonnes allemandes faisant retrait sur une route à l'ouest de Gavray et à huit kilomètres au sud de Coutances. Mc Laughlin aperçut des files de véhicules civils et militaires ainsi que de nombreuses personnes à pied, fuyant le secteur de Coutances. Sur une route secondaire, longeant la rive est de la Sienne au sud de la Haye-du-Puits, le *Flight* largua ses bombes sur quatre chars et repartit vers le nord. Le plafond étant trop bas pour des bom-

Photo du lieutenant Duane D. Inthout et du *Captain* Robert de Gregoria, officier mécanicien du *Squadron* puis du *Group*. (NARA.)

Le lieutenant Duane K. Ash et le *Captain* James A. Mullins à Wikton. (NARA.)

P-47 D22 Y8-W serial 42-26046 « *Flying Gator* » piloté par le *First Lieutenant* Ellderedge.

Le *Captain* John Robinson et le *Captain* Jack Shelton. (NARA.)

bardements en piqué, les P-47 plongèrent sur une autre partie de la route en mitraillant un convoi hippomobile et des camions arrêtés sur le bas-côté.

## « Ce que j'ai détesté le plus, c'est tirer sur les chevaux »

Voici le récit de Mac Laughlin sur cette attaque : « *J'ai aperçu un grand nombre de chars roulant sur la route avec leurs trappes ouvertes, mais le temps que je pivote sur l'aile pour faire demi-tour, ils avaient déjà refermé les trappes et s'étaient cachés dans les haies. J'ai vu un membre d'équipage ouvrir la trappe et regarder vers nous, puis son char s'est mis à couvert. Durant notre passe, aucun des chars ne répliqua à notre feu. Après ce passage nous avons repris la direction du sud. J'ai aperçu des canons tirés par six chevaux puis des remorques hippomobiles de munitions qui ont explosé lors de notre mitraillage. Ce que j'ai le plus détesté c'était de tirer sur les chevaux, cela m'a mis mal à l'aise. Il y avait des avions partout dans le ciel. Pour vous donner une idée, j'étais en train de mitrailler un char dans un axe ouest–est quand j'ai croisé un avion mitraillant un autre char dans un axe est-ouest. Nous avons fait tous les deux un virage à 180°. Je me suis mis à mitrailler son char et lui le mien* ».

La brume matinale cloua au sol trois des quatre patrouilles de ce matin-là. Jack Tueller a profité d'une éclaircie pour décoller avec son *Flight.* Profitant d'une trouée, il bombarde la forêt de Saint-Sever qui servait de dépôt de munitions et de zone de rassemblement. Durant plus de deux heures et demie, le *Group* resta cloué au sol par le manque de visibilité. Vers midi, Joe Nichols, profita d'une éclaircie et prit son envol avec trois autres pilotes du *506th*. Les P-47 rencontrèrent une colonne d'une centaine d'hommes qu'ils bombardèrent, puis ils détruisirent un convoi d'une dizaine de voitures hippomobiles et un char sur la route principale reliant Coutances à Granville, à cinq kilomètres au nord de Bréhal. Ils neutralisèrent ensuite deux autres chars sur la route de Coutances à Gavray, à cinq kilomètres au sud de Coutances. Le trafic aérien était intense au-dessus de la zone, mais presque toutes les missions prévues purent avoir lieu. La dernière fut effectuée vers 22 heures.

Un total de 140 sorties et 35 missions eut lieu ce jour-là. Au cours d'une de ces sorties, un char américain avec un panneau rouge fut aperçu à six kilomètres au nord de Villedieu. Un autre rapport fait état d'un véhicule avec un panneau rouge, en milieu d'après-midi sur la rive est de la Sienne près du pont de Cérences. Les trois dernières missions de la journée eurent lieu sur les arrière-gardes de la *2.SS* et *17.SS-Panzer-Division* au nord de La Haye-Pesnel. Les pilotes apprirent le soir, qu'en plus de couvrir la *3rd Armored Division*, ils auraient aussi en charge la couverture des *2nd*, *4th* et *6th Armored Division*. Aucune troupe ne fut arrêtée sur la ligne Bréhal-Gavray-Percy durant l'assaut initial.

Le plus fort de l'assaut eut lieu le **30 juillet**. Les opérations ne débutèrent qu'à partir de 14 heures,

Le lieutenant Floyd F (Ramblin' Wreck) Blair, le *Capt.* James P. Proudfit, officier médical du *squadron* et le lieutenant Benjamin F Yeargin Jr (assis). (NARA.)

le temps et la couverture nuageuse ne permettant pas de décoller. Seul le capitaine Harold Freemantle réussit à décoller avec son *Flight* vers 6h30, mais fut rappelé par le contrôleur aérien car le plafond était trop bas. Nouvelle tentative vers 11h25 et retour rapide à la base pour cause de plafond trop bas, après avoir lâché les bombes sur une paire de chars à l'est de Granville. La troisième mission du jour n'eut pas plus de succès. Le lieutenant Richard « Red » Arnold, lors de la quatrième sortie, mitrailla un véhicule léger dans une carrière.

Dans l'après-midi, la couverture nuageuse se disloqua suffisamment pour permettre d'apercevoir les objectifs. Les secteurs Granville-Avranches et La Haye-Pesnel-Avranches furent déclarés prioritaires. Sept frappes eurent lieu dans le secteur du sud-est de Saint-Hilaire-de-Harcouet, afin d'empêcher les troupes allemandes de sortir du secteur d'Avranches. Chars, *Half-tracks* et camions constituèrent encore des cibles de choix, mais la journée fut aussi marquée par la rencontre avec la chasse ennemie. Le tableau est éloquent : dix avions allemands détruits, trois probables, le tout sans une seule perte alliée.

## Rencontre avec des Messerschmitt dans le secteur d'Avranches

La chasse a commencé en milieu d'après-midi quand Tom Weller, emmenant un *Flight* du *507th* en mission de mitraillage au nord-ouest de Avranches, reçut un appel du contrôle des missions annonçant « *Bandits au sud de Saint-Lô* ». Après avoir viré au nord-est direction Saint-Lô, il rencontra une formation de 109 qui, curieusement, se sépara en deux groupes à l'approche des *Thunderbolt*. Douze avions quittèrent la zone de suite. Paul Buckles et son ailier en poursuivirent six autres qui tentèrent de se mettre dans ses arrières, tandis que Weller et son ailier Ed Manchester en poursuivaient deux autres piquant vers le sol.

Un des Messerschmitt se mit soudain à faire de violentes embardées, au point que le pilote perdit le contrôle de son appareil et fut contraint de s'éjecter. Weller plongea sous les nuages et engagea le deuxième 109. Une courte rafale le toucha et le pilote s'éjecta. Ces deux avions sont les premiers que rencontrèrent les pilotes du *507th*, mais aussi leur première victoire aérienne. Au même moment, un *Flight* du *508th,* commandé par le Capt John

P-47 au décollage sur un aérodrome normand. A noter la poussière soulevée par la puissance du moteur. Poussière qui endommageait beaucoup les mécaniques. (NARA.)

*Major* Ernest Tibbets. (Wikton.net)

Insigne d'épaule fantaisie de la *9th Air Force* avec bord rouge, fabrication anglaise. (Coll. Ph. Trombetta.)

W. Robinson, commençait une mêlée avec des Focke-Wulf 190 et des P-51 de la *8th Air* Force. Robbie et Clarence Nelson furent crédités tous les deux d'un avion endommagé, qu'ils ont mitraillé chacun leur tour. Le *Flight* de Maxie Conn's, du *506th*, eut plus de chance. Positionnés à 25 kilomètres à l'est d'Avranches, en début de soirée, Maxie et son ailier se trouvaient en palier à 1 400 mètres tandis que le quatrième membre du *Flight,* « *Bird-dog* » Hansen, effectuait des cercles au-dessus de son chef de patrouille en train d'effectuer une passe pour lâcher ses bombes en piqué.

Quand les pilotes de couverture annoncèrent la présence de neuf Fw-190 prêts à l'engagement, La formation ennemie se sépara. Quatre avions allemands piquèrent sur Fischer et Hansen. Conn se mit dans la queue du premier Fw-190 qui passa à sa portée et lâcha une rafale de mitrailleuse, l'avion explosa. Il toucha un autre 190 dans l'aile et la queue, puis il fut pris à partie par un 190 arrivant par derrière. Earl Fischer, sorti de son piqué, rencontra un 190, se mit dans sa queue, tira quelques rafales et l'avion plongea vers le sol. Un autre 190 l'attaqua de trois quarts arrière mais le manqua. Earl l'engagea aussitôt et le mit en flamme. Le pilote réussit à s'éjecter. Earl remonta alors vers le reste de la formation et se mit à poursuivre le 190 qui attaquait Maxie Conn. Sous la pression, le 190 dégagea et disparut. «*J'ai touché son empennage et j'ai vu des débris de métal s'éparpiller de son avion quand il a essayé de m'échapper. Je me suis approché de lui au maximum pour lui donner le coup de grâce, mais je me suis aperçu que j'avais épuisé toutes mes munitions dans la bataille* » se souvient Earl au sujet de cet engagement.

Hansen, pour sa part, vit deux 190 se diriger droit sur lui. Une courte rafale régla le sort du premier qui piqua en flamme vers le sol. Gene Mc Closky, son ailier, tira aussi lors du premier face-à-face sans toucher le deuxième avion. Il vit un autre Focke-Wulf passer sous ses plans. Il dégagea alors vers la droite pour poursuivre l'avion à croix gammée et lorsqu'il le retrouva ce dernier était en train de descendre vers le sol où il explosa dans une boule de feu. Mc Closky aperçut également quatre autres avions en flamme dans les champs alentour. La mission se solda par quatre avions détruits, un endommagé et aucune perte du côté allié.

Tom Weller, Georges Hughes et quatre autres pilotes du *507th* aperçurent une formation de dix-huit Me-109 au-dessus d'Avranches, peu avant 20 heures. La formation allemande se disloqua, six avions piquèrent et furent rapidement hors de vue, six autres s'éloignèrent rapidement vers le

P-47 D22 Y8-K, serial 42-25722 « *Birdie* », piloté le *Captain* Denver W. Smith.

sud et les six derniers cherchèrent refuge dans les nuages. Hughes vit alors deux 109 en dessous de lui, ignorant apparemment la présence des P-47. Hughes et son ailier John Rogers piquèrent sur les deux 109 et les abattirent en une passe. Le troisième pilote, John Ross, dans le sillage de ses leaders, aperçut un autre 109 en remontant. Il engagea un combat tournoyant et réussit à l'abattre.

A peu près au même moment, Ollie Simpson, menant un *Flight* de quatre appareils au-dessus d'Avranches, aperçut un Messerschmitt solitaire. Sans hésiter, il plongea sur lui et l'abattit d'une seule rafale. Cette victoire fut la dernière de la journée et clôturait un beau palmarès.

## En appui direct des colonnes de chars

Le *Major* Shook, commandant la dernière patrouille de six avions de la journée, rencontra vers 21 heures neuf 109 au nez jaune. Une patrouille de neuf P-51 du *361st Figther Group*, au nez jaune également, engagea immédiatement le combat. Dans la mêlée, les pilotes de P-47 ne pouvaient plus distinguer les amis des ennemis. Le Major Shook prit la décision de rompre le combat et de rentrer à la base.

Le **31 juillet** vit la fin des combats pour la percée d'Avranches et un changement dans l'utilisation de l'avion tactique. Le *Group* a effectué, lors de la dernière semaine de juin, vingt et une sorties en appui direct des colonnes de chars. Ce procédé révolutionnaire allait dorénavant être appliqué pour toutes les missions d'appui au sol des unités blindées.

Juillet se termine et le *404th* a démontré son efficacité lors de la percée de *Cobra*. Toutes les cibles à l'est et au sud d'Avranches ont été neutralisées. Seulement sept divisions allemandes en ordre dispersé ont affronté les éléments de la *3rd Army* de Patton dans un couloir de Saint-Lô à Avranches d'un côté est de la Vire au Golfe de Saint-Malo de l'autre. Le front occidental a été bousculé par la *3rd Army,* ouvrant un large couloir libre vers l'est, le sud et l'ouest. Début août, le *Group* mène plusieurs attaques autour de Villedieu et de la forêt de Saint-Coupez à l'est et au nord-est du couloir. Le *506th* et *507th* ont exécuté deux missions de quatre avions chacune contre des dépôts de munitions et des concentrations de matériel détectés par les contrôleurs au sol.

*Organ* a rappelé le *507th* pour faire trois nouvelles passes sur la forêt et quatre contre des chars dans le secteur de Villedieu. Sept autres missions sont effectuées dans la journée contre des voies de chemin de fer, des ponts et des routes à une vingtaine de kilomètres en direction du sud, au-delà d'Avranches. La *2.Panzer-Division* a tenté une percée dans le secteur de Tessy la Rivière vite repoussé par les *Thunderbolt*.

Trois *Flight* patrouillaient en permanence sur la route principale partant d'Avranches et se dirigeant à l'est vers Brest. Aucune cible ne fut détectée. Deux *Flight* du *506th* prirent à partie des camions et des chars près de la ville de Ducey à environ dix kilomètres au sud d'Avranches. Le second *Flight* joua de malchance et perdit son *leader*, le capitaine Tom Litchfield, qui fut touché par la *Flak* et dut se poser dans un champ où il fut capturé.

Peu après la perte du leader, Bob Huse rapporta la présence de plusieurs chars s'affrontant près

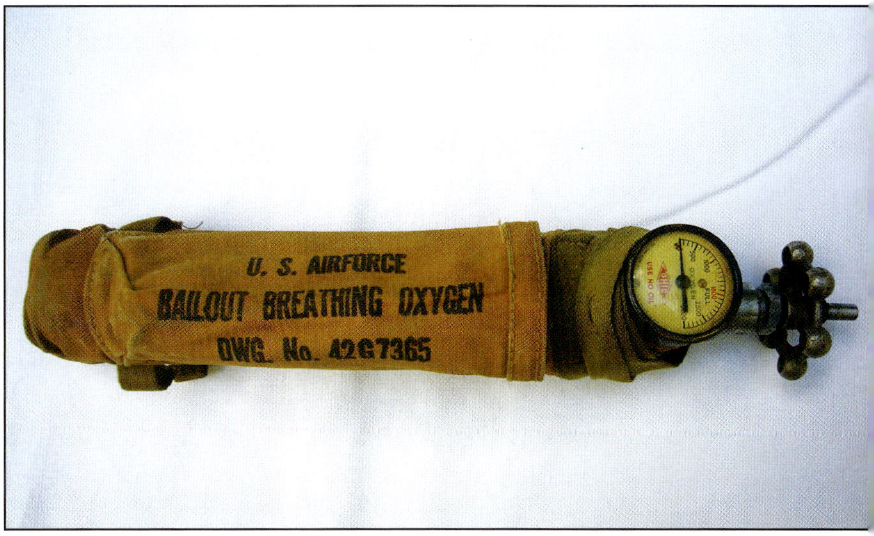


M-1 *Bailout Breathing Oxygen*. Bouteille de secours généralement attachée sur la cuisse du pilote ou son mollet lors des vols à haute altitude. Cette bouteille sert de secours en cas de défaillance du système principal, mais elle sert surtout à assurer la survie du pilote lors de l'abandon de l'avion à haute altitude. Elle lui permet de respirer durant la descente en parachute. (Fonds Aure du commun, Bayeux.)

*Second Lieutenant* John H. Wainwright, Jr, de Marshall au Texas – *508th Fighter squadron, 404th FG*. Nous le voyons ici interviewé par la BBC après son exploit du 28 septembre 1944 ou, en une seule mission, il abattit six Me-109 et devint de ce fait un as en un jour. (NARA.)

d'un bois. Un *Sherman* était déjà en feu et un autre gravement touché. Effectuant une passe à très basse altitude pour soutenir les blindés amis en difficulté, Bob Huse fut touché par un feu intense venant du sol.

La dernière mission de la journée fut emmenée par Ollie Simpson's, du *506th*. A quinze kilomètres à l'est de Ducey, près de Saint-Hilaire-du-Harcouët, les pilotes américains aperçurent sur la route un convoi de véhicules. Ils piquèrent sur l'objectif et détruisirent huit camions et deux attelages d'artillerie hippomobile. Le tableau d'opération de juillet est éloquent. En tout, quarante-trois missions eurent lieu depuis les trois première semaines, date d'installation du *Group* en Normandie ; et lors de la derniers celle du lancement de l'opération *Cobra*, cent vingt-six missions furent effectuées soit un total général de cent soixante-neuf pour le mois de juillet contre vingt-cinq en mai et quatre-vingt-seize en juin. Le *Group* perdit douze pilotes en juillet, cinq d'entre eux furent fait prisonniers, Elledge et Litchfiel du *506th*, Washburn et Duffy du *507th* et Gillespie du *508th*. Mais sept autres ne revinrent pas.

**Ci-dessus :** dessin paru dans le journal d'Austin, au Texas, relatant les exploits du *Second Lieutenant* John H. Wainwright. (coll auteur.)

**Ci-contre :** le *First Lieutenant* Fredendall, prise à Wikton en juin1944. (DR wikton.net)

**Ci-dessous :** détail des marquages du P-47 7J-Z « *My Lady June* » avec son pilote le *Lieutenant* Edward James. (DR wikton.net)

# La poursuite vers la Seine

# 4

Août fut le mois de la grande poursuite et du reflux de l'armée allemande vers la Seine. Pour le *404th Fighter Group,* le mois commença par une mission d'accompagnement de B-26 et cinq missions de bombardement : trois sur des dépôts de carburant et deux sur des centrales électriques au sud de la zone de combat. Pendant ce temps, Avranches était sécurisée par le *4th Cavalry Group,* fer de lance de la *3rd Army*. Celle-ci dans un élan victorieux atteignit la Loire en moins d'une semaine, tandis que d'autres éléments remontaient vers Brest et encerclaient la ville de Saint-Malo.

Le **2 août**, le temps ne permit aucune sortie ; le jour suivant, seulement trois missions purent décoller et une seule eut la chance de pouvoir trouver son objectif et le bombarder. Le *508th* bombarda et mitrailla la forêt de Saint-Sever tandis que le *506th* resta au sol, ne recevant aucune demande d'appui au sol. Ce même jour, le *507th* fut appelé par « *Murphy* », l'officier de liaison air-sol de la *2nd AD*, qui lui demanda de faire un passage sur un carrefour en avant de la colonne; à son arrivée, il fut accueilli par des salves de *Flak*.

La couche de nuages bas rendant les opérations délicates, le reste de la semaine se passa au calme. La *3rd Army* continuait sa poussée vers le sud et l'ouest tandis que la *1st US army*, la *2nd British army* et la *1st Canadian army* consolidaient leurs positions sur le front est. Le *Group* effectua trois missions le **4 août** contre des positions allemandes cachées dans les bois et les collines du secteur Vire-Mortain à l'est d'Avranches. Après le troisième passage « *Murphy* » appela le *Major* Shook pour qu'il félicite le *Group* pour son efficacité. La quatrième mission de la journée est l'accompagnement d'un groupe de bombardiers A-20 dans le secteur sud du front lors de leurs missions de bombardement.

La *Luftwaffe* ayant disparu du ciel en ce début août, la mission, se passe dans les meilleures conditions et tous les bombardiers retournent à leurs bases. Trois missions plus ordinaires ont eu lieu le jour suivant. Il s'agissait de couvrir et de sécuriser une route au creux d'un vallon à l'est de la *3rd Army*. Don Dickerson fut touché par la *Flak* lors de cette mission et dut s'éjecter de son avion au-dessus des lignes ennemies. Il fut récupéré le jour suivant par l'unité de reconnaissance de la *2nd Armored Division*.

La deuxième mission, quant à elle, eut moins de chance ; elle fut interceptée par trois Me-109 et un Fw-190 qui effectuèrent une passe puis se mirent à couvert dans les nuages après avoir pris à partie l'avion de Luciano Herrera. Ce dernier réussit à se poser à Cartigny malgré un avion criblé d'obus de 20 mn. Le bon vieux *Thunderbolt* a bien encaissé les coups et la plaque de blindage derrière le siège a reçu un obus qu'elle arrêta sauvant ainsi la vie du pilote.

Six missions sont effectuées le **7 août**, trois d'escorte de bombardier et trois de bombardement en piqué et de mitraillage dans le secteur de Domfront, où une colonne blindée pousse en avant sur le flanc de la *1st Army*. Le **8 août** quatre missions sont prévues, mais le ciel nuageux au-dessus du front et de la ligne Vire-Mortain oblige les P-47 à survoler d'autres territoires où la visibilité est plus favorable. Seul le *507th* a mené une mission de bombardement et a lâché ses bombes sur une concentration supposée de chars ennemis près de Mortain mais n'a pu observer les résultats de cette mission. Plus au sud-est, près du Mans, le *Major* Shook emmène une patrouille du *506th* qui mitraille et bombarde un convoi allemand, revendiquant treize camions et chars détruits. Le capitaine Mc Lauglin conduit une autre patrouille du *506th* sur les arrières de l'armée allemande dans le secteur anglo-canadien et revendique la destruction d'une quarantaine de véhicules.

## « Je vis un Allemand lever la tête vers moi puis s'enfuir en courant »

Apercevant les véhicules abrités dans un verger, Mc Laughlin fit plonger le *Squadron* sur eux. La Flak, inexistante sur ce secteur, lui permit d'obtenir ce score. Voici sa version de l'attaque. « *Pendant que le reste du* Squadron *tournait en rond au-dessus, je descendis faire une reconnaissance. Il y avait une ligne de véhicules s'avançant sur une route près de Flers et se dirigeant vers l'ouest en longeant le verger. La plupart de ces véhicules paraissaient neufs. Durant ma descente, j'aperçus dans le verger une forte concentration d'hommes et de véhicules. Les hommes étaient debout sous les arbres et certains étaient en train de se laver dans un lavoir. Lors de mon premier passage, je vis un soldat allemand en train de se laver le visage lever la tête vers moi puis s'enfuir en courant vers l'abri des haies rejoindre ses camarades. Je donnai alors l'ordre au* Squadron *de plonger et de bombarder le verger. A la fin de l'opération, nous aperçûmes six larges feux. Tous les véhicules ont*

Blouson *Ike* d'officier avec son patch de la *9th Air Force* sur l'épaule gauche et sur les revers du col les insignes de nationalité et les ailes de l'*USAAF*. On notera l'absence des ailes, laissant croire que cet officier est un « rampant ». (Collection privée.)

*dû être détruits ou sévèrement endommagés. Si des hommes en ont réchappé, ils ont eu beaucoup de chance ».*

Pendant ce temps, le *508th* affrontait un barrage de *Flak* intense dans le secteur sud-est de Domfront. L'avion de *« Count »* Colwell's concentra les tirs et fut mis en feu, le pilote réussissant à sortir de l'appareil. Le capitaine Tibbetts cercla au-dessus de lui jusqu'à ce qu'il soit sûr que tout allait bien pour son pilote, puis rejoignit la formation. Colwell passa quatre jours derrière les lignes ennemies sans nourriture ni boisson au milieu de la bataille. Depuis l'après-midi du 8 août où il se parachuta sur ce verger au sommet de la colline à cinq km au sud-est de Mortain jusqu'à la soirée du 12 août, quand il fut récupéré par des troupes américaines. La colline où il s'était abrité fut constamment sous le feu de l'infanterie, des chars, de l'artillerie et des chasseurs-bombardiers. Il creusa dans la terre une petite tranchée avec ses doigts pour s'abriter des regards allemands. « *Les Allemands avaient leurs avant-postes à environ 200 mètres de mon trou. Je suis resté là en les surveillant, la peur au ventre d'êtres découvert lors de leurs mouvements. Heureusement, ils surveillaient les haies en face d'eux et, quand ils ont regardé en arrière dans ma direction, ils surveillaient la haie plutôt que le verger. J'ai dû rester en l'air avec mon parachute environ 30 secondes. Je ne comprends pas comment les Allemands ne m'ont pas vu ; ou, s'ils m'ont vu, pourquoi ils ne sont pas venus me capturer ?* »

Colwell se cacha dans une haie pendant plus d'une demi-heure. Puis, estimant que cette cache n'était pas assez sûre, il sortit, récupéra son parachute et se cacha dans une haie bocagère un peu plus loin. Il descendit un sentier et se retrouva derrière un véhicule allemand. « *J'ai eu de la chance. Les Allemands étaient devant leur véhicule et ne s'attendaient pas à avoir quelqu'un derrière eux. Avant qu'ils ne me voient, j'ai sauté dans une haie puis je me suis caché dans un sous-bois tout proche. J'ai creusé un trou et me suis endormi enroulé dans mon parachute. Le matin suivant, je fis un autre essai pour passer au travers des lignes ennemies. Au réveil, je vis passer un soldat allemand avec une cafetière et une tasse. Je me suis caché derrière un petit mur. J'entendais le bruit des casseroles qui s'entrechoquaient, sûrement une cantinière. Puis, subitement, ce fut l'enfer. La colline fut bombardée par toutes sortes d'armes. Les gros obus américains tombaient par salve et retournaient la terre. Le bruit était assourdissant. Nos troupes envoyaient entre vingt et vingt-cinq obus quand les Allemands ne répliquaient qu'avec un seul canon de 88. Il ne semblait y avoir sur la colline que des armes légères, mortiers, mitraillettes et mitrailleuses. Une patrouille de huit P-47 survola la colline et lâcha ses bombes sur la cantine. Des morceaux de métal et de terre volèrent partout dans le verger. Cette situation de combat dura quatre jours avant que j'aperçoive enfin des troupes américaines qui me ramenèrent vers Cartigny.* »

## Contre-attaque allemande dans le secteur de Mortain

Sur le front, la situation se présente de la façon suivante : les Anglais et les Canadiens tiennent le saillant nord sur une ligne allant de Vire au nord de Falaise, la *1st Army* tient le côté ouest sur une ligne allant de Vire à Mortain et descendant vers la commune de Domfront. La *3rd Army*, quant à elle, a délégué à quelques unités la poursuite des troupes vers Brest, tandis que le gros des troupes fonçait vers l'est en direction de Nantes et le Mans et que le reste des divisions remontait rapidement vers le secteur de Vire et Mortain où les services de renseignement alliés signalaient une grosse concentration de *Panzer*.

La contre-attaque allemande débute dans le secteur de Mortain en direction d'Avranches. Quatre divisons de *Panzer* mènent l'assaut. Mortain a changé plusieurs fois de mains et un bataillon américain a été encerclé pendant plusieurs heures. Le but de cette contre-attaque est de couper en deux la ligne de front US et desserrer l'étau autour de Falaise. Durant ce temps, la pression est forte sur le *404th*. Aidé par le *406th Group* et des Typhoons de la *2nd Tactical Air Force* anglaise basée sur l'aérodrome A-5 pour l'occasion, les pilotes du *404th* survolent continuellement la zone afin de repousser l'avancée des *Panzer*. L'étude des deux tactiques, les rockets et les tapis de bombes, a permis de mettre en avant le manque de précision des premières au détriment des bombes qui font plus de dégâts. Le travail combiné entre l'aviation et les troupes au sol permet de briser cette contre-attaque et redonne aux Alliés l'avantage.

Lunette polaroid à verre rouge dans sa boite d'origine, permettant aux pilotes volant en nocturne de s'habituer rapidement à la lumière rouge présente dans les avions volant la nuit. (Fonds Aure du commun, Bayeux.)

## « J'ai vu les flammes lécher le parachute »

Le **9 août**, le *Group* met sur pied huit missions. Les cibles sont des concentrations de troupes et des positions d'artillerie à l'arrière du front. L'art du camouflage de l'armée allemande n'était plus à démontrer et les cibles difficiles à identifier. Mais les officiers de liaisons « *Cutbreak* » et « *Murphy* » marquèrent avec des obus fumigènes les objectifs et permirent ainsi aux *Thunderbolt* de les détruire. La septième mission de la journée eut lieu aux alentours de 22 heures et se révéla particulièrement dure pour Bob Johnson. Son avion fut touché par la *Flak* lors du bombardement d'un convoi de chars à l'est de Mortain. Son radiateur d'huile touché, l'avion prit feu à environ mille mètres d'altitude. Le *Major* Leo Moon, *leader* de la mission, ordonna à Johnson de s'éjecter vers 750 mètres, mais l'avion continua sa chute ; 500 m, 250 m… et toujours pas de parachute. Voici le commentaire de Moon sur cette mission : « *J'ai fait des cercles autour de l'avion en flamme lors de sa descente. L'avion était à environ 2 150 m du sol quand j'ai aperçu le cockpit s'ouvrir et Bob sortir et ouvrir son parachute. L'avion a heurté le sol et l'explosion a projeté Bob plus haut sur la colline. J'ai vu les flammes lécher le parachute. Il a atterri près d'une haie et s'y est réfugié rapidement. Je vis alors un Dodge prendre la direction du crash et récupérer notre pilote.* »

Quelques jours plus tard, la décision de Johnson de quitter son avion aussi tard prit toute sa dimension. En effet, en retardant au maximum le moment de sauter, le courageux aviateur avait empêché son avion de s'écraser sur un bivouac américain occupé par une compagnie d'ordonnance. Son appareil avait seulement heurté les barrières du champ clôturant le camp. Les soldats s'étaient précipités vers Johnson et l'avaient conduit vers l'hôpital le plus proche, où on lui avait fait dix-sept points de suture. Dans la journée, le commandant de la compagnie d'ordonnance envoya au QG du *404th Group* une lettre de remerciement et de gratitude pour l'acte héroïque du pilote en question.

Le **10 août**, six missions furent effectuées par les *Squadrons du 404th,* les deux premières sur des concentrations de troupes dans le secteur de Mortain. Douze avions du *508th* et douze avions du *506th* participèrent à cette opération pour laquelle les cibles furent marquées au fumigène rouge par l'artillerie. De retour de mission, le *Major* Shook emmena ses hommes du *506th* plus au sud et aperçut dans un champ quinze Heinkel 111 alignés. Les P-47 firent plusieurs passes de mitraillage. Trois appareils furent détruits, six endommagés. Près de Sourdeval à mi-chemin sur l'axe Vire-Mortain, la *9th Infantry Division* demande l'aide du *507th*. Le capitaine Lutman emmène une patrouille de douze avions au-dessus d'un petit bois dominant la ville, les cibles sont marquées au fumigène rouge et sont mitraillées. La quatrième mission du jour a été effectuée par huit avions du *508th*, menés par Jack Tueller, sous la direction « *Cutberak* », l'officier de liaison air-sol de la *2nd Armored Division*. L'objectif est de repérer et détruire une colonne de chars aux alentours de Couptrain, à trente kilomètres environ, au sud-est de Domfront. Les pilotes lâchèrent leurs bombes avec une grande efficacité, cinq chars ennemis furent détruits et cinq autres endommagés.

Casquette de mécano A3 avec marquage au stencil *USAAF*. Casquette trouvée sur le site du Molay-Littry. (Fonds Aure du commun, Bayeux.)

Mais ce ne fut pas la fin pour la patrouille de Tueller. Ils descendirent vers le sud, suite à un appel lancé sur les ondes par la *1st Infantry Division*. Celle-ci signalait une concentration de plus de deux cents véhicules blindés, proche de Mayenne, à trente kilomètres environ au sud de Domfront. N'ayant plus de munitions, le mieux que put faire Tueller fut de communiquer au contrôleur de la *9th TAC*, « *Sweepstakes* », les coordonnées exactes de la colonne pour faire intervenir au plus vite les avions du *506th* et du *507th*. « *Booty* » marqua la cible à l'aide d'obus fumigènes. Onze avions du *506th* et huit du *507th*, saturèrent la zone de bombes de 500 livres. Un énorme incendie ravagea la zone. Le contrôleur de mission remercia Joe Nichols du *506th* et Hoss Mullins du *507th* pour ce travail exemplaire.

**Ci-dessus :** casquette d'officier US neuve. (collection Ph. Trombetta.)

**Ci-contre :** lieutenant-colonel Leo Moon. (Wikton.net)

## Direction la poche de Falaise

Le **11 août,** six autres missions furent programmées, dont deux au-dessus de Sourdeval où la pression ennemie sur les troupes terrestres semblait s'être relâchée. Douze avions du *508th* amenés par Jack Tueller survolèrent Domfront et réduisirent au silence un emplacement d'artillerie lourde, qui bloquait l'avancée d'une unité blindée alliée. Le *507th*, pour sa part, patrouilla au-dessus du secteur de Falaise, tandis que deux formations du *506th* couvraient la progression de la *1st Army* aux alentours d'Alençon. Dix missions eurent lieu le jour suivant. Quatre d'entre elles avec des patrouilles de quatre avions et les six autres menées par le *Squadron* au grand complet. Le but : réagir rapidement aux sollicitations des unités terrestres dans le secteur de Mortain, Sourdeval, et Domfront, afin d'éliminer les positions d'artillerie et les concentrations de troupes (particulièrement dans la forêt d'Andaine, à l'est de Domfront).

Le Groupe concentra le gros de ses attaques, le **13 août**, sur le centre du secteur de Falaise, sur l'axe routier Vire-Argentan, route principale de la retraite de la 7$^e$ armée allemande. Sept missions furent programmées et les cibles furent principalement des véhicules ennemis, aussi bien hippomobiles que blindés. Plusieurs de ces colonnes se trouvaient à découvert et se dirigeaient vers Argentan, depuis l'ouest. Cette ville était à l'extrémité est de la poche de Falaise, à plus de 60 kilomètres de la ligne de front reliant Vire à Mortain.

Le **14 août** fut pour le *404th Fighter Group* la journée la plus chargée, avec un total de quatorze missions. Toutes les cibles se trouvaient à l'intérieur de la poche de Falaise, dans un périmètre de 15 km$^2$ entre la forêt d'Andaine et Argentan. La *3rd Army US*, pendant ce temps, contournait Andaine par le sud et remontait au nord-est, refermant ainsi la tenaille par le sud. Toute la journée, le Groupe travailla en collaboration avec « *Bronco* » et « *Poodle* ». Cinq avions du *508th* emmenés par le *Major* Leo Moon revendiquèrent la destruction de quinze chars, trois canons antichars et cinq camions de munitions. Ils rapportèrent que tous les chars allemands retraitant par cette route roulaient à vive allure avec leurs canons tournés vers l'arrière, faisant feu sur des *Sherman* les poursuivant. « *C'était du gâteau pour nous, c'est le meilleur jour que nous ayons eu. Les Allemands reculaient et, dès qu'ils bougeaient, nous les détruisions. S'ils s'arrêtaient, nos chars les détruisaient aussi* ».

Insigne général de l'*USAAF* avec un bord OD datant des années 1941/43. (Collection Ph. Trombetta.)

Le *First Lieutenant* Lloyd Geist rapporta qu'il vit l'équipage d'un des chars abandonner rapidement celui-ci et courir à l'abri d'une haie en agitant des drapeaux blancs. Le *Panzer* fut détruit par une rafale de mitrailleuse. Moon consigna dans son rapport journalier avoir vu un conducteur de véhicule allemand, sans doute déboussolé par les attaques aériennes, rouler à vive allure vers les lignes alliées. « *Je suppose qu'il voulait se rendre, alors j'ai tiré une courte rafale juste devant lui. Il s'arrêta net. J'espère qu'il a eu la chance de se rendre. J'étais vraiment désolé pour lui* ».

Quand les *Thunderbolt* passèrent à l'attaque, Geist aperçut deux chars allemands qui se dirigeaient vers Putanges, faisant feu vers l'arrière sur deux Sherman en tête de colonne. « *Ils se sont arrêtés quand ils nous ont vus et nous les avons détruits avec nos bombes* ». Le *Squadron* attaqua alors les chars et les canons antichars situés au nord de la ville. Une des positions, placée en hauteur, interdisait au trafic la route principale menant vers Falaise. Cette position fut rapidement détruite. Quand les avions repassèrent au-dessus de Putanges, une colonne de chars américains était en train de traverser la ville. Un *Squadron* de P-38 vint relever le *508th*. Moon nota que les attaques à basse altitude n'avaient pas seulement permis de détruire des chars ou des canons allemands, mais avaient déstabilisé l'ensemble de leur organisation. Aucun tir de *Flak* ne fut signalé ce jour-là. « *Les seuls dommages occasionnés le furent par les clips des cluster de nos bombes, relâchés par nos avions. Nous volions si près les uns des autres et si bas que nous ne pouvions les éviter* », explique Moon.

Emmenant six appareils du *506th* en mission de reconnaissance, sur le secteur de Putanges, le *Major* Harold Shook rapporte la présence de blindés allemands et de véhicules de transport avançant comme à la parade sur les routes secondaires, dans un ultime effort pour échapper au péril venu du ciel. Le nom des cibles de la journée revenait comme une litanie : Argentan, Briouze, Carrouges, Putanges, La Ferté-Macé et Ranes, petit village au carrefour des routes entre Argen-

Affiche *War bonds* afin de collecter des fonds pour la fabrication des avions. (NARA.)

Capitaine Joseph Wilson à Wikton. (Wikton.net.)

tan et la Forêt d'Andaine, qui devint la cible principale dans les jours qui suivirent et marqua ainsi la dernière action importante du Groupe lors de la campagne de Normandie.

## A la recherche des derniers chars cachés

Les chars de la *3rd Armored Division* approchèrent par le sud et le sud-est et se heurtèrent à une concentration importante de chars ennemis dans les bois, au nord, à l'est et à l'ouest du village de Ranes. La première mission de reconnaissance sur la cible fut effectuée par huit chasseurs du *506th*. Ils furent appelés par l'officier de liaison de la *3rd Armored Division*, « *Poodle* », afin d'acheminer du plasma. Le largage eut lieu plus tard dans la journée au sud du village.

Deux patrouilles de quatre avions du *506th* survolèrent les bois à l'est et au nord-est de Ranes à la recherche des chars allemands cachés. Les troupes américaines furent fixées au sud du bourg. Seize avions du *507th* emmenés par le *Major* Tice arrivèrent à la tombée de la nuit et balayèrent un large espace à l'ouest et au nord d'Argentan. Ils détruisirent environ une trentaine de véhicules.

La forêt autour de Ranes continuait à masquer les chars ennemis prêts à reprendre la route au petit matin. Tous n'eurent pas cette chance. Un chef de char arrêta son blindé sous un pont de chemin de fer, près de la ville d'Ecouché, à une dizaine de kilomètres de Ranes. Denver Smith, du *507th*, l'aperçut. Il fit un passage à basse altitude et lâcha ses bombes. Il eut la satisfaction de voir une intense fumée noire s'échapper du char, qui s'était retourné sur la route. Le *508th* effectua trois missions au-dessus de la poche de Falaise sans survoler Ranes. Le *506th* vint une dernière fois à la charge avec une patrouille de quatre avions et, sur les indications de « *Poodle* », détruisit un char et un véhicule blindé cachés sous les arbres, à cinq kilomètres à l'est de la ville.

Ce soir-là fut une soirée de réjouissances au mess du *Group*. Trois pilotes portés manquants étaient finalement revenus : Ralf Smathers, descendu le 10 juin près de Cherbourg; Colwell, abattu le 8 août et Bob « *Senator* » Johnson, descendu quatre jours plus tôt.

Dix missions eurent lieu le **15 août**, dont neuf en collaboration avec la colonne blindée qui attaquait Ranes. Le *506th* bombarda le bourg ainsi que des véhicules blindés au nord-est. Les *507th* et *508th,* pour leur part, touchèrent eux aussi le village et détruisirent la route bordée d'arbres, au nord-est et au nord-ouest. Une formation du *507th*, emmenée par le capitaine Ray Langford, détruisit onze chars qu'elle laissa en feu près de la place centrale du village. «*Les chars se trouvaient au sud de Ranes, on nous a demandé de les détruire à*

Officier armurier (à gauche) du *Group* en train de discuter avec le mécanicien armurier en charge de ce P-47 au sujet de l'accrochage de la bombe. (NARA.)

Mécanicien effectuant la purge du système de frein de l'avion dont il a la charge. (NARA.)

*l'intérieur de la localité. Nous avons lâché quinze bombes de 500 livres et sept de 260 livres. Environ onze feux étaient visibles, dégageant de gros panaches de fumée noire que l'on pouvait voir de très loin. Je fis mon rapport à l'officier de liaison de la division blindée. Après avoir accusé réception du message, il répondit par ce message laconique : Nous nous remettons en mouvement* ».

Leo G. Moon suivit avec huit avions du *508th* et continua pendant une heure les attaques sur le village. Il fut relevé par le *Major* Harold Shook du *506th*. Lors de la première passe au-dessus du secteur, un des ailiers aperçut une colonne d'une vingtaine de chars n'arrivant pas à transmettre la localisation exacte de la colonne ; il descendit et incendia le premier véhicule afin de signaler la présence de la colonne. La patrouille revendiqua la destruction de quinze chars.

En début d'après-midi, les patrouilles redémarrent sur le secteur. Les pilotes du *507th* eurent cette fois-ci plus de chance et découvrirent des chars allemands sur la route au nord-est de la ville. Le capitaine Tom Weller's emmena sa patrouille pour une mission de mitraillage sur la route. Les véhicules étaient partiellement cachés par le feuillage des arbres et très durs à distinguer. Lors de son premier passage, il réussit à faire taire la Flak légère se trouvant dans la colonne. Voici son récit : « *J'ai aperçu les chars et des soldats courant vers les pièces de* Flak. *J'ai alors dit à mes ailiers : Je descends faire une passe et, s'ils commencent à tirer avec leur* Flak, *vous lâchez vos bombes. Les Allemands ont dû m'entendre car j'ai bombardé leurs chars et ils n'ont pas tiré un seul obus de* Flak ».

Dans l'après-midi, une unité de reconnaissance signale une concentration de chars. Le *Major* Tice organise rapidement une mission et, à la tête de huit avions, il prend l'air avec Weller en soutien, en direction du front. Ils découvrent les chars ennemis en feu, déjà détruits le long de la route de Ranes par la mission précédente. Ils bombardent alors tout autour de la ville en arc de cercle, du nord-est au nord-ouest. Ils détruisent encore cinq véhicules blindés, deux camions, une moto, une pièce de *Flak* et mitraillent les tranchées où se cachent les soldats allemands.

Sur le retour, le *Major* Tice signale une épaisse fumée brune au-dessus de Rânes. Après l'attaque, Mullins se prépare à emmener une seconde patrouille sur l'objectif, lorsqu'il reçoit un appel urgent de « *Poodle* » réclamant du sang pour un nombre de blessés important dans le secteur de Rânes. Une zone de largage est alors aménagée au sud par les troupes au sol. Après confirmation de la mission par « *Sweestakes* », le largage fut effectué dans la demi-heure par un P-47 d'un autre groupe de chasse.

## Plus de vingt divisions allemandes dans le chaudron de Falaise

Au cours de la deuxième mission de la journée, Ira Fischer fut touché par la *Flak* mais réussit à poser son avion dans un champ et à s'en extraire avant qu'il brûle. Les trois *Squadrons* lancèrent leur dernière mission de la journée, à la nuit tombée, à l'ouest et au nord de Rânes sur les chars, canons et véhicules présents dans le secteur. Une nouvelle importante est annoncée à l'ensemble

P-47 au décollage sur un terrain normand. (NARA.)

du personnel du *Group,* ce soir-là. La *7th Army* US et les troupes françaises ont débarqué en Provence et progressent rapidement vers le nord.

Pendant ce temps, la poche de Falaise se remplissait. Plus de vingt divisions allemandes se retrouvèrent prisonnières dans ce chaudron, leurs percées vers Avranches ayant été toutes repoussées. Cette marée humaine finit sa course dans un réduit entre Falaise et Argentan.

Les jours suivants furent occupés à nettoyer la présence ennemie autour de la poche. Les Allemands laissèrent entre 25 000 et 50 000 prisonniers dans ce secteur. 6 000 autres hommes furent tués, tandis que le reste de la *7.Armee* allemande se repliait sur la Seine. Les troupes anglo-canadiennes fermaient la poche dans le secteur de Falaise et faisaient leurs jonctions avec les troupes US de la *1st Army*, le 20 août. Durant cette période d'accalmie sur le front, le haut commandement testa une nouvelle formule de liaison air-sol. Des pilotes de divers groupes de chasse furent affectés temporairement à ces tests. Le premier pilote du *404th* à partir fut le capitaine Art Justice, Ce choix fut justifié par le fait qu'il avait passé quelques années avec deux divisions blindées avant de devenir un cadet dans l'aviation. Il fut rattaché début août à un *Combat Command* de la *2nd Armored Division* pour deux semaines. *« Il y avait une sorte de rivalité pour savoir qui allait gagner la guerre entre les troupes terrestres et les pilotes. Ils me disaient que c'était facile pour l'Air Force de voir et détruire les cibles, du ciel, tandis qu'eux rampaient dans la boue et se réfugiaient à l'abri des haies. Ce fut une grande satisfaction pour moi de leur montrer l'aide que l'Air Force pouvait leur apporter en combat rapproché. Nous leur proposions à présent un travail d'équipe. Nous survolions leurs colonnes et détruisions les chars et canons avant que ceux-ci aient le temps de leur tirer dessus, chaque fois que cela était possible. L'état-major de la division envoyait des unités de reconnaissance afin de repérer les cibles, puis celles-ci nous transmettaient leurs positions pour nous permettre de nettoyer le terrain et faire reculer les Allemands. Elles nous signalaient ensuite, lors de leur avance, les résultats de nos bombardements. Quelquefois, les cibles que nous bombardions étaient inaccessibles et les résultats de nos missions ne nous étaient communiqués que tardivement. Quand je suis revenu à mon Squadron et que je repris les missions de bombardement sur la ligne de front, il était bon de savoir que, même si je bombardais une zone boisée signalée par un contrôleur, le résultat serait probant et obligerait les Allemands à quitter leurs positions. »*

Justice retourna au *Group* le **16 août**, jour de la dernière mission pour le *404th*, à savoir la destruction d'une colonne blindée à l'est de Falaise. Le **17** fut un jour de repos forcé, le temps ne permettant pas de faire décoller les avions. A partir du **18**, toutes les missions furent effectuées dans le secteur entre Rouen et Paris afin de détruire tous les ponts et les barges traversant la Seine.

Le **19 août**, le temps se remit à la pluie, bloquant les pilotes du *506th* et *507th* sur le terrain. La journée fut consacrée aux loisirs et à la détente, autour d'un verre au bar de l'escadrille. La *Luftwaffe,* étrangement absente du ciel durant l'épisode de la poche de Falaise, fit sa réapparition. Trois Focke-Wulf 190 furent abattus tandis que le *505th* perdait l'un de ses nouveaux pilotes, le *Second Lieutenant* Edward C. Manchester. Le *508th*, pour

P-47 au décollage sur un terrain de Normandie. (NARA.)

Aile de *Senior* pilote en sterling. (Fonds Aure du commun, Bayeux.)

sa part, bombarda une batterie d'artillerie allemande positionnée sur l'axe de progression de la *2nd Armored Division*. Puis, les pilotes continuèrent leur mission en attaquant les barges sur la Seine, gênant le repli des troupes allemandes qui franchissaient le fleuve. Au retour de cette mission, le moteur de Joe Landa s'arrêta aux abords de l'aérodrome et il plana jusqu'au début de la piste. L'avion fut détruit dans un spectaculaire crash, heureusement le pilote s'en sortit avec quelques coupures mais très choqué. Pendant ce temps, le *507th*, lâchait au-dessus de la poche de Falaise des tracts enjoignant les soldats allemands à se rendre. Après avoir effectué cette mission, les douze avions emmenés par le *Major* Howard Galbreath répondirent à l'appel d'une colonne blindée américaine, engagée par des canons antichars dans le secteur de Verneuil. Arrivés sur site, les pilotes de P-47 assistèrent à une bataille de chars féroce entre Lisieux et la Seine. « *Skin's* », l'un des pilotes, emmena sa patrouille à l'ouest de Rouen à la recherche d'objectifs à bombarder, tandis que Steve Leonard assurait sa couverture.

Six Fw-190 apparurent soudain. Leur formation éclata lorsque la patrouille de Steve plongea sur eux. L'un des avions allemands se mit dans la queue de Steve, tandis que celui-ci en poursuivait deux autres. Son ailier, le *First Lieutenant* John F. Phelps, se positionna dans les arrières de l'avion allemand. Une course-poursuite s'engagea alors entre les protagonistes. « *Le Focke-Wulf se rapprochait de Leonard, j'avais peur de le descendre. Je voyais ses canons de 20 mm tirer sur Leonard, il gagnait de plus en plus de terrain. Je ne pouvais pas tirer car le Focke-Wulf était dans la même ligne de mire que mon chef de patrouille. Leonard fit alors une manœuvre d'évasion sur la gauche qui me permit d'aligner le Focke-Wulf. J'ai tiré deux rafales et j'ai vu la deuxième toucher son cockpit. Je pense que j'ai tué le pilote sur le coup. L'avion finit sa course, en feu, pour aller s'écraser dans un champ.* »

Pendant ce temps, la deuxième patrouille menée par Courtney, avec Lew Eldredge comme ailier, engageait un autre Focke-Wulf. Dans la course-poursuite, l'avion de Eldredge dépassa son leader. « *J'ai lâché une salve de mitrailleuse sur le 190, puis j'ai dégagé. J'ai aperçu une ombre sur mon aile du côté gauche, j'ai alors viré rapidement à droite en plongeant avant de m'apercevoir que c'était l'avion de mon leader. Quant à l'avion allemand, il continuait son piqué vers le sol.* »

P-47 au décollage, soulevant un nuage de poussière. (NARA.)

## La Seine pour objectif

Dans son rapport de mission, Courtney déclara qu'à cette vitesse et en piqué il était impossible au Fw-190 de reprendre un vol normal. Le *Squadron* déclara pour cette mission deux ennemis détruits et un probable.

Dans les premières minutes de l'attaque, la patrouille menée par Ray Donnely affronta en face à face une patrouille de 190 ; l'avion de Manchester glissa lentement vers le bas. Lorsque Donnely regarda vers sa droite, Manchester avait disparu. Il fut porté manquant.

La dernière mission de la journée fut emmenée par Mc Laughlin, à la tête de seize avions du *506th* avec la Seine pour objectif. Un des pilotes repéra des avions allemands au-dessus d'eux. Mc Laughlin grimpa et aperçut les deux avions qui essayaient de se cacher dans les nuages au-dessus de Rouen. Il ordonna à une patrouille de le couvrir pendant qu'il se mettait à la chasse de la paire ennemie. Au sortir des nuages, les deux avions étaient en visu et les *Thunderbolt* les surplombaient. Les Allemands se séparèrent en deux. Mc Laughlin prit celui de droite tandis que son ailier poursuivit celui de gauche. Mc Laughlin tira plusieurs fois sur l'avion qu'il avait identifié comme un Focke Wulf mais, à chaque fois, l'avion réussissait à éviter les balles en virant sur la droite. La poursuite dura jusqu'au sol où le 190 s'écrasa dans une gerbe de flammes.

Alors qu'il tournait autour du lieu du crash en le filmant, Mc Laughlin fut pris à partie par deux autres 190. Il remonta alors vers les nuages tout en tirant sur les Allemands. A court de munitions, il dut se mettre rapidement à l'abri des nuages. Les jours suivants, le ciel bas et pluvieux ne permit pas au *404th* de mener ses missions au-dessus de la Seine. Le **25 août**, le temps plus clément permit au *Group* de reprendre ses missions de couverture au profit de la *79th Infantry Division* qui tentait de traverser la Seine au nord-ouest de Paris. Huit missions furent effectuées des deux côtés du fleuve sur des concentrations de troupes et de matériel. L'objectif principal des attaques était la route menant à Rouen, porte de sortie pour les troupes se trouvant encore au sud de la Seine. Une patrouille de douze avions du *507th*, emmenée par le *Major* Galbreath, aperçut dans ce secteur une colonne de véhicules allemands, pare-chocs contre pare-chocs. Les P-47 lâchèrent sur eux toutes leurs bombes de 500 livres. En quittant les lieux, un rideau de fumée noire se dégageait du convoi. Cette nuit-là, au mess, les pilotes apprirent que les armées alliées étaient entrées dans Paris, et que la 2e DB du Général Leclerc avait eu l'honneur de pénétrer la première dans les faubourgs de la capitale.

Le **26 août** eurent lieu deux missions d'escorte de bombardiers B-26 et deux vols de reconnaissance, l'un à l'est et le second à l'ouest de Paris. Le **27** fut une journée mémorable pour le *506th*. Les pertes ennemies furent sévères, onze avions détruits et cinq probables. Mais ce score n'enleva pas l'amertume des pilotes U.S. Quatre appareils furent perdus sur seize et seul un pilote survécut. L'accrochage eut lieu en milieu d'après-midi. Après avoir recherché vainement des cibles à bombarder, le capitaine Georges Mc Laughlin dirigeait sa formation vers l'aérodrome de Coulommiers, à trente kilomètres environ à l'est de Paris, quand les avions ennemis avaient fait leur apparition. Huit avions avaient bombardé l'aérodrome tandis que les seize autres les couvraient en altitude.

## Jusqu'au-dessus des toits de la banlieue parisienne

C'est alors que vingt Me-109 et Fw-190 avaient attaqué par surprise la formation par l'arrière. Mc Laughlin, inspectant la route près de Coulommiers, entendit à la radio la présence ennemie et grimpa vers les nuages. Harold Freemantle dirigeait la patrouille de couverture. Freemantle aperçut les avions ennemis dans ses sept heures, il plongea sur sa gauche vers le bas, mais à la fin de sa manœuvre la formation ennemie était déjà passée. Il aperçut alors un 190 esseulé. L'avion allemand l'amena au-dessus des toits de la banlieue parisienne. Tandis que Freemantle se rapprochait pour ouvrir le feu, le 190 vira à droite et s'écrasa au sol sans raison. Earl Fisher, numéro 4 de la patrouille de Freemantle, entendit l'appel de son leader pour une remontée vers les nuages. Deux 190 le prirent en chasse. Après plusieurs manœuvres d'évitement, il réussit à se mettre dans la queue de l'Allemand, tandis que le deuxième ennemi disparaissait. Il ouvrit le feu et remarqua que ses balles heurtaient le capot moteur. Immédiatement, le 190 se mit à fumer alors que Fisher continuait à tirer jusqu'à voir des flammes sortir du capot moteur. Le pilote allemand réussit à poser son avion dans un champ et à sortir de celui-ci avant qu'il n'explose.

Olie Simpson, qui emmenait la quatrième patrouille, ne découvrit les avions ennemis que lorsque des balles frôlèrent son aile gauche. Il vira sec à droite et aperçut dans ses six heures un Fw-190 qui ensuite le dépassa. Simpson continua son virage et se plaça dans la queue d'un de ses poursuivants. Il tira quelques rafales et l'avion se mit en feu puis piqua vers le sol. Olie redressa alors le nez de son avion et aperçut deux autres 190 qui approchaient à trois heures. Sa patrouille se mit à leur poursuite et Olie tira sur l'un d'entre eux et vit ses balles toucher l'aile gauche de l'un des avions avant qu'il ne s'enfonce dans les nuages. Il aperçut alors sous lui un Fw-190 qui poursuivait un P-47, il plongea et effectua une passe de mitraillage sur l'avion ennemi qui, touché sur sa carlingue et les ailes, rompit le combat. Les trois P-47 grimpèrent alors à l'abri des nuages puis rejoignirent la base.

Carl Parsons, lui aussi, ne découvrit l'ennemi que lorsque des balles passèrent devant son cockpit. Il effectua alors un virage serré à droite et chercha la protection des nuages. Il se trouva alors nez à nez avec trois Fw-190. Il se focalisa sur le dernier du trio et piqua sur lui. Il ouvrit le feu à plusieurs reprises et vit des impacts dans l'avion allemand. Celui-ci fit une ressource brutale et se mit à grimper, Parsons fut alors touché par l'autre 190 qui s'était mit dans ses six heures. Il fit alors un virage serré à gauche, mais des obus de 20mm se logèrent dans son aile et déclenchèrent ses mitrailleuses. Quand ses munitions furent épuisées, Carl rejoignit A-5 avec son manomètre et sa pression hydraulique hors d'usage. Il réussit à atterrir non sans mal en effectuant un virage brusque en fin de piste et son avion finit dans un fossé. Il s'en sortit seulement avec quelques égratignures.

Civils normands invités à assiter au décollage des lourds P-47. (NARA.)

Pendant ce temps, le reste de la patrouille Mc Laughlin filait pleins gaz vers les nuages, après avoir lâché toutes ses bombes. Ils rencontrèrent alors une dizaine de Fw-190 leur tirant dessus lors de leur piqué. La patrouille vira vers la droite en continuant de monter et aperçut une seconde vague de dix 190 lui tombant dessus. Après le passage des avions, la patrouille plongea à leur poursuite. Mc Laughlin tira dans la queue de deux 190 qui poursuivaient un P-47, puis il ajusta son tir sur le leader. Après plusieurs coups au but, l'avion se désintégra en vol dans une boule de feu. L'ailier de Laughlin et deux autres pilotes plongèrent jusqu'au sol en mitraillant le deuxième Fw 190. Ils le touchèrent plusieurs fois, mais ne le virent pas s'abattre au sol. Il ne fut que crédité « probable » à Don Miller.

## Le Fw-190 se désintègre dans une boule de feu

Pendant ce temps, Mc Laughlin se trouvait toujours au milieu de la mêlée. Il aperçut un autre 190 sous lui. Il tourna à gauche et piqua dans sa queue. Le pilote ennemi s'engagea en descente après l'avoir ajusté de plusieurs salves de mitrailleuse. Mc Laughlin vit des pièces s'échapper de la carlingue de l'avion allemand, puis des flammes apparurent ainsi que des traînées d'huile. L'avion fondit vers le sol où il se désintégra dans une boule de feu. Mac remonta dans la mêlée et un Me-109 vint à sa rencontre en face à face. Les deux avions firent feu de leurs mitrailleuses, mais aucun impact ne fut visible sur aucun des deux. Le pilote américain continua à monter et aperçut deux P-47 à la poursuite d'un 190 en dessous de lui. Un Me-109 surgit des nuages et fit une passe sur le second P-47. Mac plongea encore, tirant de courtes rafales, forçant ainsi l'avion ennemi à abandonner son attaque. Il piqua alors à sa suite et l'ajusta dans son viseur. Il toucha l'appareil dans le fuselage arrière et la queue. Le cockpit fut éjecté et le pilote allemand sauta en parachute.

Au même moment, Dalberg, quatrième membre de la patrouille, était poursuivi par deux 190. Après plusieurs manœuvres d'évitement et deux ou trois tonneaux, il réussit à se mettre dans la queue du leader et tira une longue salve avant d'apercevoir des impacts. Le pilote ennemi s'éjecta. Le second 190, pendant ce temps, se mit dans la queue de Dalberg et fit un énorme trou dans son aile gauche. Dalberg fit une manœuvre vers le sol et s'en rapprocha à quelques mètres seulement. Dans la poursuite, le 190 effectua un virage trop serré et son aile toucha le sol. Dalberg remonta alors et se dirigea vers son aérodrome pendant que son ennemi explosait.

Au retour du *Squadron* sur Cartigny, les mécaniciens comptaient les victoires en jubilant. Mais lorsque le dernier avion atterrit, on se rendit compte qu'un *Flight* complet manquait. Il s'agissait de Conn, Leake, Adams et Dali. Quelques jours plus tard, on retrouva la dépouille d'Adams, alors que Dali avait été pris en charge dans un hôpital de campagne pour une épaule cassée. Mais pas de nouvelles concernant Conn ou Leake, ils furent déclarés manquants.

P-47 en phase d'atterrissage sur un terrain de Normandie au cours de l'été 44. (NARA.)

Photo tirée d'un film de cinémitrailleuse, où l'on voit les impacts de balles sur un Fw-190. (NARA.)

Le colonel Mac Colpin ne put prendre l'air, le commandement le lui interdisant de peur de perdre l'officier supérieur du *404th*. Mais c'était mal connaître ce fouqueux pilote. Il partit dans l'après-midi en vol solo vers le secteur de Coulommiers. Il entendit alors les appels de ses pilotes du *506th*. Il grimpa aussitôt vers la mêlée quand il aperçut quatre avions approchant par sa droite. Il s'agissait de Fw-190, qui l'ayant repéré, fonçaient maintenant sur lui. Après une passe de face, le groupe de chasseurs allemands se sépara en deux paires. L'une se mit tout de suite à la poursuite du P-47. Celui-ci descendit au raz des arbres et, après plusieurs manœuvres, passa entre deux rangées d'arbres en slalomant. Plus maniable, le P-47 réussit sa manœuvre, mais le 190 qui le suivait n'eut pas cette chance et percuta les arbres. Mc Colpin réduisit les gaz au maximum à la limite du décrochage.

## Les victoires les plus incroyables de la campagne de Normandie

Son poursuivant avait de plus en plus de mal à le suivre. Après plusieurs virages serrés, il réussit à se mettre dans la queue de son poursuivant. Celui-ci prit peur et effectua un virage serré à basse altitude, son aile heurta alors les arbres et l'avion s'écrasa dans un sous-bois. Le troisième avion qui les suivait de près fut déstabilisé par l'explosion de son compatriote et disparut de la vue de Mc Colpin. Quant au quatrième, plus de trace dans le ciel. Le colonel décida alors de rentrer sur A-5. Le pilote américain, durant tout l'engagement, ne tira pas une seule cartouche.

Ce furent les victoires les plus incroyables de la campagne de Normandie. Trois autres missions eurent lieu ce jour-là, mais les conditions climatiques firent que, soit elles furent écourtées, soit elles n'eurent pas le succès escompté. Le lendemain, deux missions de routine eurent lieu pour accompagner des B-26. Les missions de support aux troupes terrestres devinrent de moins en moins nécessaires, les armées allemandes refluant sous la pression des forces alliées vers le nord de la France. Le *Group* profita alors d'un repos bien mérité pendant que la *3rd Army* de Patton contournait le sud de Paris et traversait la Seine à Melun avant de se diriger vers les champs de bataille de la Première Guerre mondiale sur la Marne. Puis direction Reims, Metz et Nancy. La bataille de France allait rentrer dans une nouvelle phase. L'avance des troupes anglo-canadiennes vers Bruxelles et Mons et celle des *1st* et *3rd Army* vers l'Allemagne furent si rapides que le *404th Group*, désormais trop éloigné du front, ne pouvait plus assurer ses missions de couverture.

Quatre jours après l'arrivée des troupes de la *3rd Army* vers Reims, les mécaniciens du *Group* furent acheminés par voie terrestre vers Brétigny-sur-Orge, à environ vingt kilomètres au sud de Paris, près de Melun, où ils arrivèrent le **28 août**. Ce terrain, ancienne base de la *Luftwaffe* avec piste en dur, fut rapidement réparé et mis aux normes par le génie de l'air US et prit le nom de A-48 Brétigny.

Durant les derniers jours d'août, les avions restèrent sur A-5 jusqu'à l'évacuation complète des hommes et du matériel. En l'espace d'un mois, le front avait reculé de plus de trois cents kilomètres, ce qui rendait nécessaire pour chaque mission l'ajout d'un réservoir supplémentaire, largable. Malgré cela, les avions ne pouvaient pas rester longtemps en l'air au-dessus du front. Le *404th*, qui était, depuis le début des opérations, basé immédiatement sur la ligne de front, se retrouvait maintenant à plusieurs centaines de kilomètres dans ce que l'on a coutume d'appeler la « *communication zone* ». Cela impliquait dans l'ordinaire des soldats et des pilotes quelques changements, tels que cigarettes plus chères, nourriture de qualité

Pilote prêt au décollage pour une mission de bombardement, en train de s'entretenir avec son chef mécano qui lui donne les dernières consignes. (NARA.)

inférieure aux rations de combat et surtout plus d'infirmières qui attendaient les bals du samedi soir pour fricoter avec les pilotes, elles sont parties au plus près du front avec leur hôpital.

Le *Group* dit au revoir à Chippelle et Saint-Martin-de-Blagny, à la poussière et à la piste en PSP, au calvados et au cognac, et à la Normandie libérée.

## En guise de conclusion

Outre son incontestable importance stratégique, la bataille de Normandie a eu pour conséquence de faire évoluer le rôle de l'aviation, laquelle était depuis des années scindée en trois grandes branches : la chasse, le bombardement et le transport. Le besoin pressant de supports aériens aux unités terrestres poussa l'état-major américain à développer le concept de chasseur-bombardier. Des unités capables aussi bien de bombarder sur la ligne de front les concentrations ennemies que de se défendre par leurs propres moyens contre l'aviation allemande.

Le P-47, chasseur idéal pour ce type de missions, fut le cheval de bataille du *404th Fighter Group*. Le *Group* développa également, avec l'aide de l'armée, un système de liaisons très efficace. Des pilotes, depuis le sol, avec les divisions blindées, guidaient ainsi leurs collègues afin d'optimiser les frappes aériennes. L'utilisation d'un même langage permit de débloquer bien des situations.

Rendons hommage à ces hommes, pilotes ou mécaniciens, qui ont fait don de leur vie afin de libérer l'Europe et la France du joug allemand.

# Annexe 1 : *Serial* et affection des avions du *404th Fighter Group*

## *506th Fighter Squadron*

4K – A - *Serial :* 226245 - *Model :* D22 - Pilotes principaux : Adams et Bates

4K – B - *Serial :* 225097 - *Model :* D10 - Pilote principal : Bealle

4K – B - *Serial :* 275761 - *Model :* D22 - Pilote principal : Bealle

4K – C - *Serial :* 226252 - *Model :* D22 - Pilote principal : Parker

4K – D - *Serial :* 28455 - *Model :* D5 - Pilote principal : Bates

4K – E - *Serial :* 28429 - *Model :* D5 - dans le Squadron jusqu'au 21/5/44

4K – E - *Serial :* 226260 - *Model :* D22 - Pilote principal : Elledge

4K – F - *Serial :* 276129 - *Model :* D15 - Pilote principal : Freemantle

4K – G - *Serial :* 275098 - *Model :* D10 - Pilotes principaux : Dalberg et Baker

perdu le 22/06/44

4K – H - *Serial :* 274653 - *Model :* D6 - Pilote principal : Hochadel

perdu le 30/06/44

4K – I - *Serial :* 276261 - *Model :* D15 - Pilote principal : Vinson

4K – J - *Serial :* 225720 - *Model :* D22 : Pilote principal : Johnson

dans le *Squadron* jusqu'au 7/06/44

4K – J - *Serial :* 225731 - *Model :* D22 - Pilote principal : Litchfield

4K –K - *Serial :* 28379 - *Model :* D2 - Pilote principal : Leake

perdu le 7/06/44

4K –K - *Serial :* 225720 - *Model :* D22 - Pilote principal : Leake

ex 4K-J rebaptisé le 07/06/44

4K –L - *Serial :* 225314 - *Model :* D2O - Pilote principal :

4K -M - *Serial :* 225316 - *Model :* D20 - Pilote principal : Mc Laughlin

4K –N - *Serial :* 276161 - *Model :* D15 - Pilote principal : Nichols

Retiré des liste le 28/05/44

4K –O - *Serial :* 222770 - *Model :* D4 - Pilote principal : Joyce

perdu le 5/09/44

4K – O - *Serial :* 226301 - *Model :* D22 - Pilotes principaux : Stovall et Justice

4K – P - *Serial :* 226054 - *Model :* D22 - Pilote principal : Parsons

4K – Q - *Serial :* 276173 - *Model :* D15 - Pilote principal : Clonts

4K – R - *Serial :* 225569 - *Model :* D21 - Pilote principal : Shook

dans le *Squadron* jusqu'au 12/06/44

4K – R - *Serial :* 226465 - *Model :* D25 - Pilote principal : Shook

4K – S - *Serial :* 27972 - *Model :* D2 - Pilote principal : Simpson

Retiré des listes le 16/06/44

4K – S - *Serial :* 22559 - *Model :* D2 - Pilote principal : Simpson

ex 4K-R rebaptisé le 12/06/44

4K – T - *Serial :* 27884 - *Model :* D1 -Pilote principal : Huse

4K – U - *Serial :* 226237 - *Model :* D22 - Pilotes principaux : Engman et Nichols

4K – V - *Serial :* 225888 - *Model :* D2 - Pilote principal :

ex Y8-A rebaptisé le 21/06/44

4K –W - *Serial :* 276462 - *Model :* D20 - Pilotes principaux : Westerinen et Simpson

4K –X - *Serial :* 225526 - *Model :* D21 - Pilote principal : Conn

4K –Y - *Serial :* 228794 - *Model :* D22 - Pilote principal :

4K – Z - *Serial :* 274624 - *Model :* D6 - Pilotes principaux : Welgoss, Dalberg et Fisher

## *507th Fighter Squadron*

Y8 – A - *Serial :* 225888 - *Model :* D22 - Pilote principal : Mc Colpin

Transféré au 506th le 21/06/44

Y8 – A - *Serial :* 226414 - *Model :* D25 - Pilote principal : Mc Colpin

Y8 – B - *Serial :* 225693 - *Model :* D22 - Pilote principal : Galbreth

Transféré au *508th* le 24/06/44

Y8 – B - *Serial :* 225911 - *Model :* D22 - Pilote principal : Galbreth

Y8 – C - *Serial :* 225965 - *Model :* D22 - Pilote principal : Wydner

Y8 – D - *Serial :* 225852 - *Model :* D22 - Pilote principal : Mullins

Y8 – E - *Serial :* 226001 - *Model :* D22 - Pilote principal : Tice

Y8 – F - *Serial :* 225893 - *Model :* D22 - Pilote principal : Fredenhall

perdu le 25/06/44

Y8 – G - *Serial :* 226033 - *Model :* D22 - Pilote principal : Yeargin

Y8 – H - *Serial :* 225855 - *Model :* D22 - Pilote principal : Kovats

Y8 – I - *Serial :* 225705 - *Model :* D22 - Pilotes principaux : Doves et Ross

Retiré des listes le 24/06/44

Y8 – I - *Serial :* 226261 - *Model :* D22 - Pilote principal : Anderson

Y8 – J - *Serial :* 226008 - *Model :* D22 - Pilote principal : Langford

Crashé le 11/05/44

Y8 – J - *Serial :* 226285 - *Model :* D22 - Pilote principal : Graham

Y8 – K - *Serial :* 225722 - *Model :* D22 - Pilote principal : Smith

Y8 – L - *Serial :* 226032 - *Model :* D22 - Pilote principal : Leonard

Y8 – M - *Serial :* 225847 - *Model :* D22 - Pilote principal : Reiff

Y8 – N - *Serial :* 225979 - *Model :* D22 - Pilote principal : Washburn

Y8 – O - *Serial :* 225857 - *Model :* D22 - Pilote principal : Hout

Y8 – P - *Serial :* 226008 - *Model :* D22 - Pilote principal : Green

Crashé le 30/06/44

Y8 – Q - *Serial :* 225723 - *Model :* D22 - Pilote principal : Lutman

Y8 – R - *Serial :* 225967 - *Model :* D22 - Pilote principal : Weller

Y8 – S - *Serial :* 225977 - *Model :* D22 - Pilote principal : Duffy

Y8 – T - *Serial :* 225993 - *Model :* D22 - Pilotes principaux : Blair et Varn

Y8 – U - *Serial :* 225717 - *Model :* D22 - Pilote principal : Hughes

Y8 – V - *Serial :* 225707 - *Model :* D22 - Pilotes principaux : Crocker et phelps

Y8 – W - *Serial :* 226046 - *Model :* D22 - Pilotes principaux : Elderedge et Courtney

Y8 – Y - *Serial :* 225868 - *Model :* D22 - Pilotes principaux : Ray et Lee

Y8 – Z - *Serial :* 225853 - *Model :* D22 - Pilote principal : Donnelly

## 508th Fighter Squadron

7J – A - *Serial :* 225764 - *Model :* D22 - Pilote principal : Abraham

7J – B - *Serial :* 225872 - *Model :* D22 - Pilote principal : Kitchens

Perdu le 24/06/44

7J – C - *Serial :* 225747 - *Model :* D22 - Pilote principal : Espy

7J – D - *Serial :* 225748 - *Model :* D22 - Pilotes principaux :Williams et Gillespie

Perdu le 14/06/44

7J – E - *Serial :* 225704 - *Model :* D22 - Pilote principal : Tibbets

7J – F - *Serial :* 225955 - *Model :* D22 - Pilote principal : Nelson

7J – G - *Serial :* 225910 - *Model :* D22 - Pilote principal : Smathers

Perdu le 11/06/44

7J – H - *Serial :* 226006 - *Model :* D22 - Pilote principal : Anacker

7J – I - *Serial :* 225692 - *Model :* D22 - Pilote principal : Johnson

Perdu le 11/06/44

7J – I - *Serial :* 275070 - *Model :* D23 - Pilote principal : Johnson

7J – J - *Serial :* 225688 - *Model :* D22 - Pilote principal : Sherwood

7J – K - *Serial :* 226288 - *Model :* D22 - Pilote principal :

Retiré des listes le 31/05/44

7J – K - *Serial :* 275280 - *Model :* D23 - Pilote principal :

7J – L - *Serial :* 225878 - *Model :* D22 - Pilote principal : Moon

7J – M - *Serial :* 225954 - *Model :* D22 - Pilote principal : Skelregg

7J – N - *Serial :* 225693 - *Model :* D22 - Pilote principal : Nystrom

7J – O - *Serial :* 226769 - *Model :* D22 - Pilote principal : Geist

7J – P - *Serial :* 225885 - *Model :* D22 - Pilote principal : Pounds

Détruit par la *Flak*.

7J – P - *Serial :* 275118 - *Model :* D23 - Pilote principal : Pounds

7J – Q - *Serial :* 225700 - *Model :* D22 - Pilotes principaux : Landa et Wright

7J – R - *Serial :* 225892 - *Model :* D22 - Pilote principal : Colwell

7J – S - *Serial :* 226056 - *Model :* D22 - Pilotes principaux : Shelton et Morgan

7J – T - *Serial :* 225834 - *Model :* D22 - Pilote principal : Tullis

Détruit au sol le 15/06/44

7J – T - *Serial :* 275449 - *Model :* D23 - Pilote principal : Tullis

7J – V - *Serial :* 225859 - *Model :* D22 - Pilote principal : Viccellio

7J – W - *Serial :* 225733 - *Model :* D22 - Pilote principal : Robinson

7J – W - *Serial :* 226344 - *Model :* D22 - Pilote principal : Robinson

7J – X - *Serial :* 225873 - *Model :* D22 - Pilote principal : Tueller

7J – Y - *Serial :* 225978 - *Model :* D22 - Pilote principal : Connor

Crashé le 19/05/44

7J – Y - *Serial :* 275158 - *Model :* D23 - Pilote principal : Connor

7J – Y - *Serial :* 276250 - *Model :* D23 - Pilote principal : connor

7J – Z - *Serial :* 225998 - *Model :* D22 - Pilote principal : Kerr

# Annexe 2 : Organisation du *404th Figther Group*

*21 Weather Squadron - Det ZN*

*31 Mobile Reclamation and Repair Squadron Det A*

*40 Mobile Communications Squadron - Det ZN*

*83 Service Group - Hq & Hq Sq - Det B*

*85 Ordnance Bomb Disposal Squad*

*210th Medical Dispensary aviation*

*379 Service Squadron*

*404 Fighter Group (Single Engine) - Hq*

*506 Fighter Squadron (Single Engine)*

*507 Fighter Squadron (Single Engine)*

*508 Fighter Squadron (Single Engine)*

*857 Chemical Company (Air Operations) - Det C*

*1028 Signal Company (Service Group) - Det B*

*1242 Quartermaster Company (Service Group) Det A*

*1293 Military Police Company (Aviation) - Det A*

*1591 Ordnance Supply and Maintenance Company*

*2149 Engineer Fire Fighting Platoon (Aviation)*

*2204 Quartermaster Truck Company (Aviation) Det A*

Passage d'un *Flight* de P-47 de retour de mission au-dessus d'un aérodrome normand avant d'atterrir. (NARA.)

# Annexe 3 : Victoires aériennes du *404th Fighter Group* du 8 mai au 30 août 1944

| Date | *Squadron* | Pilote | Détruit | Endommagé |
|---|---|---|---|---|
| 8 mai 44 | 506 | Dunsmore | 1 Me-109 | |
| 19 mai 44 | 508 | Kitchens | 1 Me-109 | |
| 24 Juin 44 | 506 | Adams | 1 Me-109 | |
| 30 Juin 44 | 506 | Miller | | 1 Fw-190 |
| 30 Juin 44 | 506 | Mc Laughlin | | 1 Me-109 |
| 17 juill 44 | Hq. | Johnson | 1 Fw-190 | |
| 27 juill 44 | 508 | Herrera | 1 Fw-190 | |
| 27 juill 44 | 508 | O'Brien | 1 Fw-190 | |
| 27 juill 44 | 508 | Johns | | 1 Fw-190 |
| 29 juill 44 | 508 | Moon | | 1 Me-109 |
| 29 juill 44 | 508 | Wainwright | | 2 Fw-190 |
| 30 juill 44 | 506 | Conn | 1 Fw-190 | |
| 30 juill 44 | 506 | Fischer | 2 Fw-190 | |
| 30 juill 44 | 506 | Hansen | 1 Fw-190 | |
| 30 juill 44 | 506 | Simpson | | 1 Me-109 |
| 30 juill 44 | 506 | Mc Closkey | 1 Fw-190 | |
| 30 juill 44 | 508 | Nelson & Robinson | | 1 Fw-190 |
| 30 juill 44 | 507 | Weller | 2 Me-109 | |
| 30 juill 44 | 507 | Rogers | 1 Me-109 | |
| 30 juill 44 | 507 | Ross | 1 Me-109 | |
| 30 juill 44 | 507 | Hughes | 1 Me-109 | |
| 20 août 44 | 507 | Donnelly | | 1 Fw-190 |
| 20 août 44 | 507 | Phelps | 1 Me-109 | |
| 20 août 44 | 507 | L.E Eldredge | 1 Me-109 | |
| 20 août 44 | 506 | Mc Laughlin | 1 Me-109 | |
| 27 août 44 | Hq. | Mc Colpin | 3 Fw-190 | |
| 27 août 44 | 506 | Fischer | 1 Fw-190 | |
| 27 août 44 | 506 | Parsons | | 1 Fw-190 |
| 27 août 44 | 506 | Baker | | 1 Fw-190 |
| 27 août 44 | 506 | Mc Laughlin | 2 Fw-190<br>1 Me-109 | |
| 27 août 44 | 506 | Miller | | 1 Fw-190 |
| 27 août 44 | 506 | Simpson | 1 Fw-190 | 2 Fw-190 |
| 27 août 44 | 506 | Dalberg | 2 Fw-190 | |
| 27 août 44 | 506 | Freemantle | 1 Fw-190 | |
| 27 août 44 | 506 | Conn (à titre posthume) | 1 Me-109 | |

## Bibliographie :

*Cinquante aérodromes pour une victoire*, Robinard/Trombetta/Clémentine, Heimdal, 2012.

*The 9th air force in ww2 From the desert to central Germany*, Ken C. Rust, 1967.

*404th Fighter Group History*, US Army Institute, 1948.

*Condensed Analysis of the Ninth Air Force in the European Theater of Operations*, Office of Air Force History, USAF, Washington, D.C., 1984.

*Battle Colors 3 (Insigna & Aircraft of the Ninth Air Force)*, Robert A. Watkins, Schiffer, 2008.

*P-47 Thunderbolt Aces of the Ninth and Fifteenth Air Forces,* (Osprey) by Jerry Scutts and Chris Davey (Dec 1, 1999).

- John Levesley webmaster du site www.wikton.net pour le prêt de photos.

# Annexe 4 :
# Pertes du *404th Fighter Group* du 8 mai au 30 août 1944

| Date | *Squadron* | Pilote | Cause |
|---|---|---|---|
| 8 mai 44 | 506 | Clonts | *MIA* (Prisonnier) |
| 9 mai 44 | 506 | Joyce | *KIA* |
| 7 juin 44 | 506 | Vivian | *MIA* |
| 11 juin 44 | 508 | Smathers | *MIA* (Prisonnier) |
| 22 juin 44 | 506 | Labno | *KIA* |
| 24 juin 44 | 508 | Espy | *KIA* |
| 24 juin 44 | 508 | Kitchens | *KIA* |
| 25 juin 44 | 507 | Fredendall | *KIA* |
| 30 juin 44 | 506 | Hochadel | *MIA* (Prisonnier) |
| 1er juill 44 | 507 | Green | *DOW* |
| 18 juill 44 | 506 | Elledge | *MIA* (Prisonnier) |
| 18 juill 44 | 508 | Gillespie | *MIA* (Prisonnier) |
| 20 juill 44 | 507 | Washburn | *MIA* (Prisonnier) |
| 23 juill 44 | 507 | Grove | *AD* |
| 24 juill 44 | 508 | Viccelio | *DOW* |
| 24 juill 44 | 508 | Sgt. Botte | *KIA* |
| 24 juill 44 | 508 | Cpl. Hopkins | *KIA* |
| 24 juill 44 | 508 | Pfc. Hickman | *DOW* |
| 26 juill 44 | 506 | Vinson | *MIA* |
| 27 juill 44 | 507 | Duffy | *MIA* (Prisonnier) |
| 31 juill 44 | 506 | Huse | *MIA* (Prisonnier) |
| 6 août 44 | 506 | Dickerson | *MIA* (Prisonnier) |
| 8 août 44 | 508 | Colwell | *MIA* (Prisonnier) |
| 20 août 44 | 507 | Manchester | *MIA* |
| 27 août 44 | 506 | Adams | *KIA* |
| 27 août 44 | 506 | Conn | *MIA* |
| 27 août 44 | 506 | Daly | *MIA* (Prisonnier) |
| 27 août 44 | 506 | Leake | *KIA* |

*KIA : Killed in action* (Mort au combat)
*MIA : Missing in action* (Porté manquant)
*AD : Accidental death* (Mort accidentelle)
*PW : Prisonner of war* (Prisonnier)
*DOW : Died of wounds* (Mort de ses blessures)

## Remerciements

Je tiens à remercier toutes les personnes qui, de près ou de loin, m'ont aidé à concrétiser ce projet. En premier lieu ma femme, ma première lectrice, qui a su m'encourager dans l'écriture de ce livre. Mes enfants. François Robinard, mon complice de *50 aérodromes pour une victoire*, aux éditions Heimdal, pour son aide. Thierry Vallet, pour avoir dessiné les nombreux profils de ce livre et avoir su donner vie à des photos en les retranscrivant en profils colorés. Jacques Clémentine, pour les cartes des aérodromes et quelques profils de P-47. A tout le personnel des éditions Heimdal pour leur soutien et leur patience lors de l'écriture et la mise en page de ce livre. Aux collectionneurs qui m'ont permis de publier les photos d'objets qu'ils ont trouvés au fil des années. Un grand merci à Jérôme de « L'Aure du commun » pour les photos d'objets de sa collection, ainsi qu'aux nombreuses familles de vétérans qui m'ont autorisé à diffuser les photos présentes dans ce livre.

Achevé d'imprimer sur les presses de l'imprimerie Pollina (85407) Luçon, le 5 décembre 2013